AF257211

[D]U POUVOIR

RÉGLEMENTAIRE,

OU

DE LA NATURE ET DE LA FORCE

DES ORDONNANCES;

Par M. ISAMBERT,

AVOCAT AUX CONSEILS DU ROI ET A LA COUR DE CASSATION.

Il n'y a que la loi d'exécutoire en France.

A PARIS,

Chez CORRÉARD, libraire au Palais-Royal, Galerie de Bois.

1821

ESSAI

SUR LES LIMITES QUI SÉPARENT LE POUVOIR LÉGISLATIF DU POUVOIR RÉGLEMENTAIRE OU EXÉCUTIF,

OU

COMMENTAIRE

SUR L'ART. 14 DE LA CHARTE.

Νομος επειδη Κυριος εγενετο Βασιλευς ανθρωπων, αλλ'ουν ανθρωποι τυραννοι Νομων,

La Loi dominait en maître sur les hommes ; les hommes n'étaient pas les tyrans des lois (1).

Je veux rechercher si, dans mon pays, il existe une autorité rivale des lois qui, sous prétexte de pourvoir d'une manière générale à *leur exécution*, puisse les interpréter, les étendre ou les modifier ; qui, en supposant la *sûreté de l'État* compromise, puisse suspendre l'exercice des droits inaliénables et imprescriptibles, garantis par la Charte. Je me demande ce que c'est que le *pouvoir réglementaire ?* S'il est distinct du *pouvoir exécutif* ou du *pouvoir d'administrer ?* s'il participe de la *puissance législative*, ou s'il lui est entièrement subordonné ? si l'on doit obéissance provisoire aux ordonnances ; ou si la résistance est légale, et si les tribunaux peuvent les appliquer, quand elles transgressent les lois ?

Voilà des questions sur lesquelles on est loin d'être d'accord ; elles naissent de l'art. 14 de la Charte, parce qu'il n'a rien précisé, rien défini.

---

(1) Ce passage est tiré de la lettre 8e, adressée à Denys, tyran de Syracuse, par le divin Platon.

« Maintenant, je vous donne ce conseil ; quittez le nom de Tyran, mais
» surtout quittez la chose. Devenez Roi, si vous le pouvez ; et vous le pouvez,
» comme le démontre l'exemple du sage et vertueux Lycurgue.

» Instruit par l'exemple des siens, qui, de Rois devenus Tyrans, s'étaient
» perdus, eux et leur patrie, il apporta le remède, en organisant le *sénat* des
» anciens et la *législature* des Ephores. C'est ainsi qu'il sauva son pays, et pré-
» para à sa dynastie une longue et glorieuse suite de règnes, en fondant ce
» gouvernement, ou, etc. »

Le vague de sa rédaction est tel, qu'un noble pair, ministre actuel du Roi, a osé dire : qu'un jour *la Charte tout entière pourrait être confisquée au profit de l'art.* 14. Il n'a pas tant fallu au chef du dernier Gouvernement, pour confisquer à son profit la Constitution de l'an VIII, et pour en former un Gouvernement absolu.

Et qu'on ne dise pas, que la force de son génie et de son caractère aurait suffi pour renverser toutes les barrières. La force civile est plus puissante, lorsqu'elle est dans des mains pures et courageuses, que la force militaire.

L'histoire atteste que les souverains faibles sont aussi funestes à la stabilité de la Constitution d'un pays, que les Princes du caractère le plus indomptable.

Assurément, rien de plus lâche, de plus méticuleux, de plus incapable enfin, que Louis surnommé le *Débonnaire*, et les Princes de sa famille ; et cependant c'est sous leur règne, que la Nation française a vu périr ses libertés.

Cette question est plus importante qu'on ne pense. Rien n'est plus nécessaire que de limiter avec précision les bornes du pouvoir exécutif; si la prédiction de M. de Châteaubriand s'accomplit, ce qu'à Dieu ne plaise, c'est que les citoyens n'auront pas su les définir, et les gardiens de ses droits, les défendre.

L'histoire nationale le prouve. Deux fois le gouvernement représentatif a péri en France, parce que le chef du gouvernement, à l'aide d'une mauvaise définition de ses attributions, a pu insensiblement usurper le pouvoir législatif.

Premier exemple tiré de l'histoire des deux premières races de nos Rois.

La loi salique, préparée dans l'assemblée générale de la nation, tenue à Salison en 422, et promulguée, au nom du peuple des Franks (1), en 424, sous le titre de *Pactus legis Salicæ*, reçut, vers la fin du 5ᵉ siècle et le commencement du 6ᵉ, une première atteinte de la part du farouche Clovis, et de Childebert et Clotaire, ses faibles successeurs.

Quidquid in Pacto habebatur minus idoneum, per illos fuit lucidiùs emendatum et sanctiùs decretum. (Capitulaires de Baluze).

---

(1) *Gens Frankorum inclita, auctore deo condita, profundaque in consilio* DICTAVIT *legem salicam per proceres illius gentis, qui tunc temporis ejusdem aderant* RECTORES. (Préambule de la loi salique).

Toutefois, cette première révision de la loi fondamentale a pu être délibérée préalablement dans l'une des assemblées du *Champ-de-Mars*, qui se tenaient alors exactement.

Trois siècles plus tard, sous le règne de Charlemagne, nous voyons encore la Nation, assemblée au *Champ-de-Mai*, concourir directement à la formation des lois (1).

Malgré la limitation de son pouvoir, ce prince n'en a pas moins été l'un des plus puissans monarques du monde. De nos jours, le soldat parvenu, qui l'avait pris pour modèle, fut secondé de toutes les forces physiques et morales de la nation, tant qu'il respecta ses droits; il tomba dès qu'il les eut foulés aux pieds.

Charlemagne fit procéder à une seconde révision de la loi salique.

Par un capitulaire de l'an 823 (2), Louis-le-Débonnaire s'arrogea le droit de la corriger, quand il s'élèverait des difficultés sur son exécution.

Dès le moment qu'il fit usage de ce nouveau pouvoir, les assemblées du *Champ-de-Mai* durent cesser.

Charles-le-Chauve, par son édit de Pistoie de l'an 844 (3), et par le capitulaire donné à Carisiacum, en 873 (4), rendit encore hommage aux droits de la Nation; mais il existe une foule de capitulaires des rois de la 2ᵉ race, auxquels elle ne paraît pas avoir concouru par l'organe de ses représentans. Si la Nation avait continué de s'assembler, le mauvais génie de la féodalité n'aurait pas établi son règne funeste sur le sol français, et aboli toutes les lois, autres que celles de la force et de la rapine.

Hugues-Capet et ses premiers successeurs n'avaient pas l'exercice de la puissance législative, même sur leurs terres; les barons, qui relevaient des ducs de France, n'étaient liés envers le Roi que pour le service féodal, c'est-à-dire, qu'ils lui devaient seulement foi et hommage, et marcher à la guerre avec lui.

Hors de ses terres, le Roi traitait avec les grands vassaux comme de puissance à puissance. Qu'on ne s'y méprenne pas, les lois de ce temps, jusqu'au règne de Philippe-le-Bel, ne sont que des *traités*.

Les établissemens de Saint-Louis n'eurent jamais l'autorité d'une loi générale (5).

---

(1) Chap. 19, 3ᵉ cap. de l'an 805; *Hincmar* sur *Adhelard*, chap. 29-36.
(2) Baluze, I, 642 — (3) *Lex consensu populi fit, et constitutione regis.*
(4) *Capitularia avi et patris nostri, quæ Franci, pro lege tenenda judicaverunt, et fideles nostri in generali placito, conservanda decreverunt.* — (5) C'est, d'après leur titre, le *Recueil des Usages de Paris et d'Orléans, et de Cour de baronnie*.

Ce serait ici le lieu d'expliquer comment, par la seule influence du pouvoir judiciaire, Saint-Louis et ses successeurs usurpèrent la puissance législative, que les Etats généraux essayèrent un moment de reprendre, et dans laquelle le Parlement seul sut se conserver une sorte de participation, par le refus d'enregistrer et par le droit de remontrances; mais cette discussion nous entraînerait trop loin. Qu'il nous suffise de dire, qu'on a commis une inexactitude dans le préambule de la Charte, en énonçant comme un fait, que l'autorité tout entière résidait dans la personne du Roi. Cela n'est vrai qu'à compter du règne de Louis XIV, qui fut en effet seul législateur.

Nous trouvons, dans le *Trésor des Harangues*, 2ᵉ partie, p. 198, un passage remarquable, qui prouve qu'à une époque antérieure de près d'un siècle, on savait faire la distinction entre les lois de l'Etat et les ordres émanés du Roi, ou plutôt de ses ministres.

Dans un lit de justice, tenu le 15 juin 1586, le premier président de Harlay disait, au nom du Parlement, au Roi Henri III :

« Dans la remarque et la désignation des ordonnances qui » s'observent en ce royaume, nous usons de distinction ; car » nous appelons les unes, les *Ordonnances du Roi*, et les autres, » *du royaume.* »

Et des magistrats de nos jours ne peuvent pas souffrir qu'on discute devant eux la légalité d'une ordonnance ! et ils se croient obligés de l'appliquer, quand elle déroge à la loi !

Lorsque la nation eut reconquis ses droits, en 1789, on ne manqua pas de faire la même distinction; et, pour qu'elle frappât tous les yeux, on qualifia tous les actes de la puissance publique du titre majestueux de Loi (*leges sacro-sanctæ*); on ne permit au pouvoir exécutif que les simples proclamations pour leur exécution; c'est ce qui existe en Angleterre, ainsi que nous aurons occasion de le faire remarquer dans le cours de cet écrit.

Deuxième exemple tiré de l'histoire du gouvernement de Napoléon.

La Constitution sémi-monarchique de l'an VIII donna, par son art. 44, aux consuls le droit de faire les réglemens *nécessaires pour assurer l'exécution des lois.* On n'avait pas ajouté, comme dans la Charte, ces mots, dont on a déjà tant abusé et dont on voudra abuser encore, Et *pour la sûreté de l'Etat.*

La disposition de l'art. 44 était sans danger, si on avait autorisé les citoyens à résister à l'exécution de tous les réglemens qui leur paraîtraient sortir des limites de l'exécution, et s'il eût été explicitement établi que les tribunaux n'étaient pas tenus de les appliquer.

L'art. 52 du même acte constitutionnel plaça sous la direction des consuls un conseil d'Etat, avec mission de rédiger les projets de loi et *les réglemens d'administration publique*, et de *résoudre les difficultés qui s'éleveraient en matière administrative.*

L'administration, dans sa marche, est exposée souvent à blesser les droits privés des citoyens; plus souvent encore, elle froisse leurs droits politiques. Il fallait donc définir ce qu'on entendait par *réglemens d'administration publique;* mais c'est précisément de définition qu'on ne voulait pas.

Le conseil d'Etat fut organisé par un arrêté consulaire du 5 nivôse an VIII; cet acte n'est postérieur que de 13 jours à la Constitution. Cependant on y remarque déjà l'empiétement et l'usurpation.

La Constitution n'attribuait au Gouvernement que *l'exécution des lois.* Par l'art. 11 de leur arrêté, les consuls chargèrent le conseil d'Etat d'en développer le sens, c'est-à-dire, de les interpréter, violant ainsi la maxime du droit romain : *Ejus est interpretari, cujus est condere.* (L. 1, 9 et 12, Cod. de Legibus.)

Toutefois, on n'alla pas jusqu'à dire que ces interprétations auraient force de loi. Les consuls ne pouvaient conférer à d'autres un pouvoir qu'ils n'avaient pas. On ne les considéra donc d'abord, que comme des *consultations* solennelles, qui, semblables aux arrêts des cours souveraines, ne pouvaient obtenir qu'une autorité de doctrine.

Rien n'indiquait qu'elles dussent être soumises à l'approbation du Gouvernement, encore moins insérées au Bulletin des lois.

Bientôt on constitua le conseil d'Etat en tribunal administratif supérieur. Dès-lors il fut chargé d'appliquer, comme juge, ses propres avis, et les actes publiés par le Gouvernement, sous le titre d'arrêtés.

L'art. 11 de l'arrêté du 5 nivôse lui attribua le jugement des conflits; ce fut encore une usurpation. Quand deux autorités indépendantes revendiquent concurremment la connaissance d'une affaire, il faut recourir à une autorité neutre, pour les départager. Ce n'était donc pas au conseil d'Etat, mais au Sénat *conservateur,* que ce pouvoir devait appartenir; et, de fait, jusqu'à cette époque, c'était l'autorité législative qui, comme pouvoir supérieur, était restée juge des conflits. (*V.* la loi de fructidor an 3). Le Directoire était tenu, sous sa responsabilité, de lui déférer tous ceux qui présenteraient une difficulté sérieuse, tous ceux qui ne seraient pas le fruit d'une erreur évidente.

Les arrêtés du Gouvernement, connus bientôt sous le titre fastueux de décrets, furent considérés, par les tribunaux, comme des lois. Le 1ᵉʳ floréal an x, la cour de cassation annulla, (par un arrêt rapporté au nouveau Répertoire v° divorce, sect. 4, §. 10, p. 776), un jugement de la cour d'appel de Rennes, qui avait refusé d'appliquer un arrêté consulaire du 7 fructidor an viii. Cet arrêt est motivé d'une part « sur ce qu'il est défendu aux tri- » bunaux, par la loi du 16 fructidor an iii, de connaître des » actes d'administration de quelque espèce qu'ils soient. » Et, d'autre part, « sur ce qu'il n'appartient qu'au Sénat d'annuller » les actes du Gouvernement, qui lui sont déférés, pour cause » d'inconstitutionnalité, par le Tribunat.

On ne pouvait sérieusement s'arrêter au premier motif; car, s'il est défendu aux tribunaux de connaître des actes d'administration, il ne leur est pas commandé de les exécuter comme des lois, quand ils en usurpent le caractère.

Le second motif était appuyé sur un texte formel de la constitution. (L'art. 28). A la vérité, il ne résulte pas formellement de sa disposition qu'une autorité indépendante, comme la cour de cassation, dût être obligée de motiver une annullation sur un acte du Gouvernement qui n'était pas dénoncé ou jugé inconstitutionnel. Cependant, dès qu'il existait un corps chargé de la censure des actes du Gouvernement, on ne voit pas à quel titre les citoyens ou les tribunaux auraient été admis à s'en constituer juges. Mais bientôt le Tribunat fut dissous; dès-lors il n'y eut plus d'autorité censoriale qui pût mettre en action le Sénat. Le Gouvernement rendait de fait aux citoyens le droit, qui appartient à tous, de résister à l'arbitraire.

La cour de cassation n'en persista pas moins dans sa jurisprudence; et M. *Merlin* la proclame comme un principe incontestable dans son répertoire de jurisprudence, v° lois, §. 3. « Les » lois et les décrets impériaux ont cela de commun, qu'il n'est » pas plus permis aux magistrats et fonctionnaires publics, » qu'aux citoyens, de s'écarter de ceux-ci que de ceux-là. » A quoi donc servait le corps législatif ? avec cette doctrine, il fut impossible d'échapper à la toute puissance des décrets impériaux. L'affaire était-elle administrative ? elle était jugée par les ministres, ou par le conseil de préfecture et par le conseil d'Etat. L'affaire était-elle judiciaire ? on pouvait en évoquer la connaissance, par la voie du conflit; ou mieux, la laisser juger par les tribunaux, puisque ceux-ci étaient tenus, sous peine de cassation, d'en appliquer les dispositions.

La soumission a été portée si loin, qu'on finit par considérer un simple avis du conseil d'Etat, donné sur un cas particulier, comme une loi de l'Etat. C'est ce que nous révèle le même jurisconsulte, dans un plaidoyer prononcé devant la cour de cassation, le 15 juillet 1814 (nouv. répertoire. Additions, vol. 15, 4ᵉ édition, vᵒ *rente seigneuriale*, §. 2). Il était alors permis de parler plus librement des actes du dernier Gouvernement; nous citons ses propres termes :

« Les avis du conseil d'Etat, approuvés les 1ᵉʳ mars 1808 et 17 » janvier 1809, ont donné à des lois très-injustes une extension » infiniment plus injuste encore.

» Malheureusement, le 2ᵉ de ces avis ayant été inséré dans le » Bulletin des lois, la cour pensa, et nous pensâmes avec elle, » que, quoi qu'il n'eût été prononcé que sur une affaire particu- » lière, quoi qu'il n'y eût été prononcé que d'après un rapport du » ministre des finances, il devait enchaîner l'opinion des tribu- » naux, et quelques arrêts de la cour ont été calqués sur cette idée.

» Elle était exacte en ce sens, que, le conseil d'Etat devant être, » dans le cas de 3ᵉ recours en cassation, juge souverain de la ques- » tion, il était sage de se conformer d'*avance* à la manière dont la » question avait été jugée par lui dans une espèce particulière (1).

» Mais il n'en demeurait pas moins constant que le conseil » d'Etat n'était point lié par sa décision, et qu'il pouvait, par un » nouvel examen de la question en thèse générale, revenir à l'o- » pinion qu'il avait d'abord rejetée.

» Et, sous ce rapport, son avis, du 17 janvier 1809, n'était, » quoique revêtu de l'approbation du chef du Gouvernement,

____

(1) Il résulterait de cette doctrine, que les tribunaux doivent juger, non suivant leur conscience, mais suivant l'opinion du tribunal supérieur, même quand on la croit erronée. Il est d'autant plus urgent de la combattre ici, que, jusqu'à loi nouvelle, au cas d'une 3ᵉ cassation, c'est encore le conseil d'Etat qui déciderait par voie d'interprétation.

» obligatoire pour aucun tribunal ; c'est ce qui fut déclaré, en
» plein conseil d'Etat, par le chef du Gouvernement, vers le mois
» de mars 1813.

» Il s'agissait de savoir si l'on devait regarder comme féodales,
» et par suite, comme abolies, des redevances qui avaient été sti-
» pulées par des baux à rentes, ou à emphytéose, faits par des
» particuliers non seigneurs, mais avec des clauses tenant à la
» féodalité, et notamment avec réserve de la seigneurie directe,
» et de droits de lods à chaque mutation.

» Après avoir entendu ceux qui, pour établir l'affirmative, se
» prévalaient d'un avis du conseil d'Etat du 13 messidor an XIII,
» et d'un décret du 23 avril 1807, qui, sur des rapports du mi-
» nistre des finances, et dans des affaires particulières, avaient
» formellement adopté cette doctrine, le chef du Gouvernement
» nous demanda quelle était, sur cette question, la jurisprudence
» de la cour de cassation.

» Nous répondîmes qu'avant l'avis et le décret cités, la cour de
» cassation avait rendu un grand nombre d'arrêts qui la contra-
» riaient absolument ; mais que, depuis, elle avait cru ne pou-
» voir s'écarter ni de cet avis, ni de ce décret.

» La cour de cassation, répliqua le chef du Gouvernement, a
» montré trop de déférence pour l'avis et le décret dont il s'a-
» git (1). Cet avis et ce décret ne sont que des jugemens bons
» pour les parties qui les ont obtenus. Ils ne peuvent avoir, à
» l'égard des autres, le caractère d'actes interprétatifs de la loi,
» et ils ne pourraient être considérés comme tels, qu'autant
» qu'ils seraient intervenus sur un rapport du ministre de la
» justice, renvoyé à la section de législation, et discuté par elle,
» avant d'être soumis au conseil d'Etat.

» La question, au sujet de laquelle avait été proposée cette
» théorie ayant été renvoyée, ce jour là même, à un nouvel exa-
» men, et n'ayant point été reprise depuis, cette théorie ne fut
» alors, ni depuis, érigée en décret ; mais elle est simple et si lu-
» mineuse qu'elle peut se passer de la sanction expresse de l'au-
» torité ».

Il est encore aujourd'hui des jurisconsultes qui pensent que
les arrêts du conseil, insérés sous le titre d'ordonnances, au Bul-

______

(1) Nous n'avons pas besoin de signaler ici le contraste qui existe entre l'opinion du chef du Gouvernement et celle de ses conseillers.

letin des lois, ont force de réglemens d'administration publique, parce qu'ils sont revêtus de l'approbation du Souverain; nous avons combattu ailleurs cette doctrine. (*Thémis* 2ᵉ vol., p. 155, à la note).

Au reste, la Charte, par son art. 68, a consommé toutes les usurpations de Napoléon, puisqu'elle maintient toutes les lois en vigueur, jusqu'à ce qu'il y soit légalement dérogé, et que ses décrets étaient considérés comme des lois à l'époque de la restauration.

On va même plus loin; le conseil d'Etat applique aujourd'hui les décrets du dernier Gouvernement, alors même qu'ils n'ont pas été publiés au Bulletin des lois. En voici un exemple qui nous révèle, tout à la fois, le mal et le remède.

Les gouverneurs des îles de France et de Bourbon avaient, en vertu de leurs pleins pouvoirs, ouvert un emprunt pour la défense de ces deux colonies attaquées par les armes de S. M. Britannique, et ils avaient souscrit, au profit des prêteurs, des lettres de change payables sur la caisse de la Marine.

Ces îles ayant été occupées par les Anglais, un décret du 28 février 1812, annulla les traites. Cet acte ne fut point inséré au Bulletin des lois, ni notifié aux parties.

En 1814, le Sʳ Barillon réclama le paiement des lettres de change par une pétition à la chambre des députés, qui la renvoya au ministre de la marine. Celui-ci persista à refuser le paiement. Pourvoi au conseil d'Etat contre la décision ministérielle. La requête fut rejetée par une ordonnance ou arrêt du 17 juin 1818 (Sirey, iv, 577). Nouvelle pétition à la chambre, nouveau renvoi au ministre de la marine.

Il n'a pas été infructueux. Le ministre a proposé au Roi le rapport du décret, et les traites ont été payées; malheureusement il y a mille chances pour une, que le recours au Roi contre un décret spoliateur, ne sera suivi d'aucun effet.

Examen de l'art. 14 de la Charte.

Après cet exposé historique, examinons les dispositions de la Charte. Nous y trouverons encore plus de vague que dans la constitution de l'an viii.

D'après l'art. 13, au *Roi seul appartient la puissance exécutive.*

L'art. 14 est ainsi conçu :

« Le Roi est le chef suprême de l'Etat, commande les forces de terre et de mer, déclare la guerre, fait les traités de paix, d'al-

» liance et de commerce, nomme à tous les emplois d'adminis-
» tration publique, fait les réglemens et ordonnances nécessaires
» pour l'exécution des lois et pour la sûreté de l'Etat.

Aux termes de l'art. 15, la puissance législative est exercée concurremment par le Roi et par les deux chambres.

Si l'on veut rapprocher ces dispositions de la constitution du
Sénat, on s'apercevra, au premier coup d'œil, que l'art. 13 de
la Charte est tiré de l'art. 4 de cette constitution, et l'art. 15 de
l'art. 5, d'où il suit que l'art. 14 est une intercalation, opérée par
les rédacteurs de la Charte.

§. 1er — *Du pouvoir royal neutre, et de la puissance exécutive*
du Roi.

Pesons donc avec soin tous les termes de cet art. 14. Il débute
par ces mots. *Le Roi est le chef suprême de l'Etat.*

On se demande d'abord, s'ils disent quelque chose de plus que
la disposition finale de l'art. 13, qui défère au Roi la puissance
exécutive.

Non, bien évidemment. Ces mots, par eux-mêmes, ne signifient
rien autre chose, sinon que le Roi ne reconnaît pas de fonctionnaire supérieur à lui dans la nation, et qu'à l'égard des étrangers,
il est son premier représentant. Ils correspondent à ceux-ci. *Le*
pouvoir exécutif supérieur réside exclusivement dans la main du
Roi. Le Roi est le chef suprême de l'administration générale du
Royaume. (Expressions de l'art. 1er, chap. 4, de la constitution
de 1791).

Ainsi voilà le sens de ces mots grammaticalement et légalement
défini. Veut-on qu'ils signifient autre chose, nous dirons avec l'un
de nos plus célèbres publicistes (M. Benjamin-Constant), qu'ils
caractérisent ce pouvoir neutre, incommunicable, irresponsable,
qui réside exclusivement dans la personne du Roi, pouvoir qui se
manifeste par l'exercice du droit de grâce, du droit de convoquer et de dissoudre les chambres, de nommer et révoquer les
ministres, de créer des pairies, de sanctionner les lois, etc.

Je sais bien qu'il est des hommes qui supposent des restrictions
dans la Charte, et qui y trouvent la souveraineté exclusive, et
de droit divin, le pouvoir constituant, une autorité antérieure et supérieure à celle des chambres. Ce sont les mystères du
pouvoir. Ces hommes ont une véritable religion politique. Si vous
niez ces mystères, vous êtes un impie, un athée, c'est-à-dire, un

ennemi du trône et de l'autel. Ils ne peuvent souffrir qu'on remonte à la source des pouvoirs. Ils recusent le raisonnement et les témoignages de l'Histoire. Au lieu de reconnaître tout ce qu'a de noble et de grand, l'idée d'une Nation toute entière agissant par l'organe de son chef, et de ses représentans, ils l'individualisent, ils la placent toute entière dans un individu.

Dans ce système, le souverain constitutionnel du 19ᵉ siècle, pourrait dire, comme le Monarque absolu du 17ᵉ : *L'Etat,* c'est moi.

Par suite, dès 1814, l'armée aurait cessé de nom, seulement, d'être l'armée nationale; le ministère public, de parler au nom de la société, pour devenir l'organe du Roi. Exclusivement chargé de la défense de ses causes personnelles, il ne pourrait en rejeter le fardeau, lorsqu'elles sont mauvaises (1). De plus, l'intendant de la maison civile siége comme ministre dans les conseils du Gouvernement. Il est même des établissemens publics, à l'entretien et à l'administration desquels la liste civile n'a aucune part (comme la bibliothèque), dont les employés portent la livrée du Roi.

Mais l'abus dans les mots, et même dans les choses, ne peut pas prévaloir contre les principes.

Bien qu'on ait affecté de qualifier la Charte *d'ordonnance de réformation,* et qu'elle ait été modifiée temporairement par l'ordonnance du 13 juillet 1815, on ne peut méconnaître que c'est une concession forcée; elle est, suivant l'expression royale (2), un traité d'alliance fait entre la maison de Bourbon et la Nation française.

Les droits des peuples sont plus anciens, et certainement aussi respectables que ceux des Rois.

Le peuple des Francs, nous l'avons prouvé, exerçait la souveraineté de concert avec ses princes.

C'est de la nation française, de la volonté nationale, et non du privilége de la naissance, que Clovis, Pepin et Hugues-Capet ont reçu leur pouvoir. Ce pouvoir fut légitime dans leur personne et dans celle de leurs descendans, par cela seul, qu'il fut reconnu. En 1814, la nation n'avait-elle pas le même droit?

---

(1) On a soutenu le contraire dans l'affaire Desgraviers. Cependant, si tout le parquet refusait cette défense, qu'arriverait-il ? — Avant la révolution, quand le ministère public parlait pour le Roi, il se plaçait au banc des avocats. Les parlemens savaient faire et appliquer la distinction entre les intérêts civils et personnels du Roi, et ceux de l'Etat,—(2) Art. 9 de l'ordonn. du 9 mars 1815.

La déchéance de Bonaparte fut motivée sur la violation des engagemens qu'il avait contractés (1). Les puissances alliées déclarèrent, le 31 mars 1814, *qu'elles reconnaîtraient et garantiraient la constitution que la nation française se donnerait. Elles invitèrent le Sénat à préparer cette constitution.*

Cette constitution fut rédigée; le Roi ne dit pas que le Sénat était sans pouvoir et sans mandat: il le tenait de la force des circonstances; il l'exerçait de concert avec le corps législatif assemblé (2); et en réservant au peuple l'acceptation et la délibération, il sauvait tous les principes.

Le Sénat inséra dans la constitution du 6 avril, que *Louis-Stanislas-Xavier* serait proclamé Roi, aussitôt qu'il l'aurait acceptée, et qu'il aurait juré de l'observer.

Le Gouvernement provisoire ne fut remis, par décret du 14, au comte d'Artois, que sous la condition de cette acceptation. Le prince, en répondant (3) au Sénat qu'il n'avait pas le pouvoir d'accepter, déclara pourtant que les bases étaient admises. Le Roi en prenant, le 2 mai, les rênes du Gouvernement, dit qu'il était rappelé par l'amour du peuple, et qu'il voulait adopter une constitution libérale. Il convoqua le Sénat et le corps législatif, à l'effet de prendre connaissance du nouveau projet qu'il se proposait de leur soumettre.

Le Roi reconnut d'ailleurs, qu'il est des droits qu'il ne lui appartenait pas de contester au peuple. Ce sont ceux énoncés dans cette déclaration.

Quant au surplus, il était certainement le maître d'en appeler à la Nation, de l'ouvrage du Sénat et du corps législatif. Le 4 juin, cette constitution fut promulguée comme une concession. Les deux corps alors constitués n'ont pas protesté contre cette forme; s'ils n'ont pas demandé qu'il en fût délibéré, c'est qu'il leur a paru que la Nation s'en contentait et qu'elle voyait dans les dispositions de cette Charte, tous ses vœux légitimes consacrés.

La Charte fut tellement un traité ratifié par le consentement tacite de la Nation, que si par impossible on voulait la révoquer,

---

(1) *V.* les actes du Sénat et du Corps législatif du 3 avril 1814, p. 4 et 7 du 1er vol. de cette Collection. — (2) *V.* les actes de ces 2 corps, des 6 et 7 avril, p. 10 et 456, *ibid.* — (3) Toutes ces pièces sont dans le Recueil de nos lois. Elles appartiennent à notre-droit public; il est donc permis d'en argumenter aussi long-temps que l'on soutiendra que la Charte est un don, une faveur, une grâce. *V.* aussi les capitulaires, et le serment prêté par Hugues Capet, *rex futurus rex francorum,* an 987.

il n'est pas un français qui se crut obligé d'obéir aux ordres du Gouvernement (1), et qui ne se crut délié du serment de fidélité.

Tout ce qu'on peut conclure de la forme de concession donnée, peut-être fort peu politiquement, et contre les intérêts bien entendus de la Dynastie, à notre Charte, c'est que le pouvoir seul a fait sa part; d'où il suit, que tout ce qui, dans la Charte, n'est pas spécialement attribué à la couronne, reste dans le droit commun des Français.

La Nation, par ses représentans, est donc en droit de lui demander un compte rigoureux de l'abus que le Gouvernement voudrait faire de termes ambigus ou obscurs qu'on y auroit placé à dessein. Tout empiétement, toute usurpation, doit être réprimé avec la plus grande vigilance.

C'est ainsi que dans le projet de loi sur la responsabilité des ministres, pris en considération par la chambre des députés, le 26 août 1814 (2), il est dit qu'un ministre se rend coupable de trahison, lorsqu'il fait quelqu'acte contre la Charte constitutionnelle, et lorsqu'il contresigne un acte de l'autorité royale qui ne devrait émaner que du concours des trois branches de l'autorité législative. (*V*. l'art. 4, n°s 1 et 3).

Cela posé, il faut reconnaître qu'il n'y a rien de mystique, rien de sous-entendu dans la Charte. Ainsi ces expressions, *le Roi est le chef suprême de l'État*, ne peuvent être interprétées que dans l'un de ces deux sens; elles signifient ou le pouvoir royal considéré abstractivement du Gouvernement, ne pouvant jamais sortir de sa sphère — ou la puissance exécutive, agissant dans le cercle qui lui est tracé par la volonté générale; ou le pouvoir législatif.

§. 2. — *De la force obligatoire des traités.*

Le Roi, d'après la seconde disposition de l'art. 14 de la Charte, « commande les forces de terre et de mer, déclare la guerre, fait » les traités de paix, d'alliance et de commerce ».

Depuis 1789, le pouvoir exécutif avait cessé d'être revêtu du droit exclusif de conclure les traités; il n'était chargé que de leur négociation; la ratification du pouvoir législatif était toujours

---

(1) M. de Châteaubriand a dit en s'adressant à ses partisans : « La Charte est » plus forte que nous; quiconque voudra la détruire, sera détruit par elle. » Quelle autorité aurait une poignée de conspirateurs pour renverser le produit » du temps, et l'œuvre de la sagesse du Roi. Retranchez la Charte, et demain » vous n'aurez pas un écu dans le trésor. — (2) P. 622, 1er vol. de cette Collection.

réservée. Bonaparte, impatient du frein, renversa cette barrière. La génération actuelle connait les épouvantables calamités qui en furent la suite. Cette usurpation fut l'un des motifs explicites de sa déchéance. Lors de la promulgation de la Charte, on fut bien surpris de voir figurer parmi les prérogatives royales, celle de conclure toute espèce de traités. Mais on se rassura ; le droit de guerre et de paix n'est rien, sans les subsides ; or, aucun impôt ne peut être établi sans le concours des Chambres. Si donc elles n'approuvaient pas la guerre, elles auraient un moyen bien simple de la faire cesser. Quant aux traités, le Gouvernement peut en souscrire, qui soient déshonorans pour la France ; mais il y a un remède dans l'accusation du ministre.

Toutefois, il est ici essentiel de remarquer, que le droit de conclure des traités, ne donne pas aux ministres le droit d'enchaîner la liberté civile ou religieuse des citoyens.

Ainsi, l'abolition de la traite des nègres a été stipulée par le traité du 30 mai 1814, par l'acte du congrès de Vienne, et par la convention du 20 novembre 1815. Une ordonnance du 8 janv. 1817 prononçait la peine de la confiscation contre les contrevenans. Le Gouvernement sentit l'impossibilité de faire exécuter une pareille ordonnance par les tribunaux ; en conséquence, il proposa et fit passer la loi du 15 avril 1818.

En 1817, il fut conclu avec le saint Siège, un concordat ; on reconnut la nécessité de le faire approuver par les chambres comme l'avait été celui de l'an x ; le projet fut retiré par la crainte qu'il ne fut rejeté. On proposa de le faire exécuter comme simple convention diplomatique par ordonnance ; mais on ne l'osa pas.

Lors de la discussion de la loi du 24 juillet 1820, sur l'exécution d'un arrangement avec la régence d'Alger, le ministre a soutenu que cette convention était exécutoire par elle-même, sauf aux chambres à mettre le signataire en accusation. Cette doctrine fût vivement combattue, et par l'exemple de l'Angleterre, et par ceux tirés de l'histoire de France. Il résulte de cette discussion que le Gouvernement ne peut, par des traités, empiéter d'aucune façon sur les droits de la puissance législative, lier ou délier les sujets. —Sa mission se borne à déclarer que la nation est en guerre, ou que les hostilités ont cessé avec une puissance. En un mot, le Gouvernement ne peut, par des traités, disposer que des intérêts extérieurs et matériels des français, sauf encore la responsabilité.

Autrement, les puissances de l'Europe en congrès pourraient décider que tel pays qui jouit d'une constitution, cessera d'être libre. Le Roi, en coopérant aux actes de ce congrès, dépouiller une Nation de ses franchises et de ses libertés ! La résistance à l'exécution d'un pareil acte serait une rebellion ! Personne n'oserait soutenir un système aussi absurde (1).

§. 3. — *Du Pouvoir réglementaire proprement dit, ou de la nature et de la force des Ordonnances.*

La 4e disposition de l'art. 14 de la Charte est ainsi conçue :

« Le Roi fait les réglemens et ordonnances nécessaires pour » l'exécution des lois.

Ici nous négligeons pour un moment les mots, *et pour la sûreté de l'État,* qui terminent cet article. Ils sont l'objet d'un examen particulier, ci-après §. 4.

Y a-t-il une différence réelle entre les ordonnances et les réglemens ? En droit, il n'en existe aucune ; car tous ces actes, quelque soit leur nom et leur forme, émanent d'un pouvoir défini, de la puissance exécutive.

Toutefois, comme le pouvoir exécutif se manifeste extérieurement de diverses manières, suivant les objets auxquels il s'applique, on est assez généralement d'accord de considérer comme *ordonnances,* tous les actes revêtus de la signature du Roi.

Quand le Roi nomme à des fonctions publiques, quand il autorise des changemens de noms, des acceptations de dons et de legs, des naturalisations; quand il anoblit ou qu'il accorde des titres, quand il autorise des français à résider en pays étranger; quand il crée des foires et des marchés ; quand il institue les cours et les tribunaux ; quand il accorde des brevets d'invention , etc., il fait des *actes de simple administration.*

Quand, par appel des décisions des conseils de préfecture ou de ses ministres, le Roi juge en conseil d'État les difficultés qui s'élèvent en matière administrative ; quand il prononce sur la validité des prises, etc, il rend de véritables *arrêts,* qui ont tous les effets de la chose irrévocablement jugée ; ces actes sont encore appelés ordonnances, mais abusivement ; on leur avait , en 1814, restitué leur ancien titre d'arrêts du conseil, qui leur convenait à tous égards.

____

(1) *V.* à ce sujet, l'excellent ouvrage, intitulé : *Du Congrès de Troppau,* 1821, in-8°.

Enfin, quand le Roi ou son Gouvernement statue par application d'une loi, d'une manière générale, non sur les personnes, ni à l'occasion d'un fait actuel, mais dans des vues de prévoyance et pour l'avenir, ses actes portent encore le titre d'ordonnances ; mais ce sont là véritablement les réglemens d'administration publique dont nous voulons étudier la nature, le caractère et les effets.

Ainsi, le mot *ordonnances* est générique. Il s'applique à tous les actes du pouvoir royal. Le mot *réglemens* se prend dans un sens plus restreint (1) ; c'est pour faire sentir cette 1ere distinction que dans le cours de ce recueil, nous avons séparé les lois des ordonnances, et que nous leur avons donné pour titre, le mot *réglemens*.

Nous n'avons point à nous occuper ici des arrêts du conseil ni des actes de simple administration. Nous ne nous attachons qu'aux *réglemens*, et nous demandons ce que c'est que le pouvoir réglementaire ?

L'un des magistrats les plus graves et les plus justement vénérés du Royaume, se fait la même question (2).

« Qu'est-ce que le pouvoir administratif ? quelle est sa nature ? » quelles en sont les bornes ? Je ne connais pas de réponse bien » satisfaisante à ces questions ».

Ailleurs, ch. 27, il essaye de le définir, « pourvoir par des or- » donnances à l'exécution des lois, à la sûreté de l'Etat, au » maintien de l'ordre public, aux différens besoins de la société ; » c'est administrer. »

» Statuer par des décisions sur les réclamations auxquelles ces » ordonnances peuvent donner lieu, et sur les oppositions que » des particuliers se croiraient en droit de former à leur exécu- » tion ; c'est encore *administrer* ».

Nous ne sommes pas de cet avis. Dans ce dernier cas, c'est juger ; on distingue parfaitement au conseil d'Etat, le cas où un préfet statue comme administrateur, et ceux où il juge le contentieux de l'administration ; nous avons traité cette matière *ex professo* (Thémis, tom. 2, p. 149), à propos de l'ouvrage de M. Macarel. Nous n'y reviendrons pas.

____

(1) M. le Cte Lanjuinais, *Essai sur la Charte* n° 357, chap. 8. — (2) M. Henrion de Pansey, *président à la Cour de cassation*, De l'autorité judiciaire, ch. 27.

Au chap. 28, M. le président Henrion ajoute : « Le Roi a le
» droit de prononcer par des décisions, en forme de jugemens,
» sur toutes les contestations relatives aux ordonnances qu'il a
» droit de faire, comme chef suprême de l'état, comme suprême
» administrateur; et si l'on demande quelles sont les circonstances
» dans lesquelles le Roi peut ordonner en cette double qualité,
» la réponse se présente d'elle-même; comme administrer, c'est
» régir, c'est prendre des mesures d'exécution, en un mot, c'est
» gouverner, il est incontestable que le Roi a le droit de faire
» toutes les ordonnances, tous les réglemens, tous les actes qu'exige
» l'action du Gouvernement. »

De ce que le Roi a droit de faire des ordonnances, il n'en résulte
pas nécessairement qu'il ait le droit de juger les contestations nées à
l'occasion de cette exécution. Les hommes éclairés, au nombre
desquels on compte M. de Cormenin, réclament, depuis long-
temps, l'organisation d'un haut tribunal administratif, constitué
d'une manière indépendante. (*V.* l'Ouvrage intitulé : *Du Conseil d'Etat.*) M. Henrion lui-même réclame, avec force, contre
l'abus des usurpations de la juridiction administrative. (*De l'Autorité judiciaire*, chap. 28 et 29.)

« Il n'y a point de liberté, dit Montesquieu, (Esprit des lois,
» liv. xii, chap. 6), si la puissance de juger n'est séparée de la
» puissance législative et de l'exécutive. Dans le 1er cas, le juge
» serait législateur; dans le second, le juge pourrait avoir la force
» d'opprimer ».

Du reste, M. Henrion définit comme nous, l'expression *chef
suprême de l'Etat.* Dans sa pensée, elle ne signifie rien autre chose,
sinon que le Roi est le chef du pouvoir exécutif.

M. Henrion convient que le Roi peut exercer son droit de manière à *donner lieu à des difficultés fort sérieuses.*

« Quoique les pouvoirs législatif, judiciaire et administratif,
» soient placés sur des lignes différentes, cependant obligés d'a-
» gir simultanément, et de marcher vers le même but, il est
» bien difficile qu'il n'arrive pas quelquefois qu'ils se rapprochent
» et se froissent de manière à ébranler les bornes qui les séparent.
» Il est surtout presqu'impossible que le pouvoir administratif,
» qui doit se montrer au même instant, partout où l'appellent les
» besoins de la société, que les circonstances entraînent dans
» toutes les directions, et dont l'action doit être aussi rapide que

Documents manquants (pages, cahiers...)

NF Z 43-120-13

Enfin, quand le Roi ou son Gouvernement statue par application d'une loi, d'une manière générale, non sur les personnes, ni à l'occasion d'un fait actuel, mais dans des vues de prévoyance et pour l'avenir, ses actes portent encore le titre d'ordonnances; mais ce sont là véritablement les réglemens d'administration publique dont nous voulons étudier la nature, le caractère et les effets.

Ainsi, le mot *ordonnances* est générique. Il s'applique à tous les actes du pouvoir royal. Le mot *réglemens* se prend dans un sens plus restreint (1); c'est pour faire sentir cette 1ᵉʳᵉ distinction que dans le cours de ce recueil, nous avons séparé les lois des ordonnances, et que nous leur avons donné pour titre, le mot *réglemens*.

Nous n'avons point à nous occuper ici des arrêts du conseil ni des actes de simple administration. Nous ne nous attachons qu'aux *réglemens*, et nous demandons ce que c'est que le pouvoir réglementaire?

L'un des magistrats les plus graves et les plus justement vénérés du Royaume, se fait la même question (2).

« Qu'est-ce que le pouvoir administratif? quelle est sa nature? » quelles en sont les bornes? Je ne connais pas de réponse bien » satisfaisante à ces questions ».

Ailleurs, ch. 27, il essaye de le définir, « pourvoir par des or- » donnances à l'exécution des lois, à la sûreté de l'Etat, au » maintien de l'ordre public, aux différens besoins de la société; » c'est administrer. »

» Statuer par des décisions sur les réclamations auxquelles ces » ordonnances peuvent donner lieu, et sur les oppositions que » des particuliers se croiraient en droit de former à leur exécu- » tion; c'est encore *administrer* ».

Nous ne sommes pas de cet avis. Dans ce dernier cas, c'est juger; on distingue parfaitement au conseil d'Etat, le cas où un préfet statue comme administrateur, et ceux où il juge le contentieux de l'administration; nous avons traité cette matière *ex professo* (Thémis, tom. 2, p. 149), à propos de l'ouvrage de M. Macarel. Nous n'y reviendrons pas.

---

(1) M. le Cᵗᵉ Lanjuinais, *Essai sur la Charte* n° 35⁷, chap. 8. — (2) M. Henrion de Pansey, *président à la Cour de cassation. De l'autorité judiciaire*, ch. 27.

Au chap. 28, M. le président Henrion ajoute : « Le Roi a le
» droit de prononcer par des décisions, en forme de jugemens ,
» sur toutes les contestations relatives aux ordonnances qu'il a
» droit de faire, comme chef suprême de l'état, comme suprême
» administrateur; et si l'on demande quelles sont les circonstances
» dans lesquelles le Roi peut ordonner en cette double qualité,
» la réponse se présente d'elle-même ; comme administrer, c'est
» régir, c'est prendre des mesures d'exécution, en un mot, c'est
» gouverner, il est incontestable que le Roi a le droit de faire
» toutes les ordonnances, tous les réglemens, tous les actes qu'exige
» l'action du Gouvernement. »

De ce que le Roi a droit de faire des ordonnances, il n'en résulte
pas nécessairement qu'il ait le droit de juger les contestations nées à
l'occasion de cette exécution. Les hommes éclairés, au nombre
desquels on compte M. de Cormenin, réclament, depuis long-
temps, l'organisation d'un haut tribunal administratif, constitué
d'une manière indépendante. (*V.* l'Ouvrage intitulé : *Du Conseil d'Etat.*) M. Henrion lui-même réclame, avec force, contre
l'abus des usurpations de la juridiction administrative. (*De l'Autorité judiciaire*, chap. 28 et 29.)

« Il n'y a point de liberté , dit Montesquieu, (Esprit des lois,
» liv. XII, chap. 6), si la puissance de juger n'est séparée de la
» puissance législative et de l'exécutive. Dans le 1er cas, le juge
» serait législateur; dans le second, le juge pourrait avoir la force
» d'opprimer».

Du reste, M. Henrion définit comme nous, l'expression *chef
suprême de l'Etat.* Dans sa pensée, elle ne signifie rien autre chose,
sinon que le Roi est le chef du pouvoir exécutif.

M. Henrion convient que le Roi peut exercer son droit de manière à *donner lieu à des difficultés fort sérieuses.*

« Quoique les pouvoirs législatif, judiciaire et administratif,
» soient placés sur des lignes différentes, cependant obligés d'a-
» gir simultanément, et de marcher vers le même but, il est
» bien difficile qu'il n'arrive pas quelquefois qu'ils se rapprochent
» et se froissent de manière à ébranler les bornes qui les séparent.
» Il est surtout presqu'impossible que le pouvoir administratif,
» qui doit se montrer au même instant, partout où l'appellent les
» besoins de la société, que les circonstances entraînent dans
» toutes les directions, et dont l'action doit être aussi rapide que

» le cours des événemens, ne se trouve pas plus ou moins sou-
» vent transporté, malgré lui, et même à son insu, soit dans la
» sphère législative, soit dans le domaine de l'autorité judiciaire. »
(*Ibid.*, p. 463).

Ainsi, après avoir essayé de définir le pouvoir administratif, le
savant magistrat est obligé d'avouer son impuissance. Il se con-
tente d'indiquer un remède aux abus qui peuvent naître de son
action. Nous y reviendrons tout à l'heure.

M. Merlin, cette autre lumière de la jurisprudence, l'aigle des
jurisconsultes français, n'a point éprouvé cet embarras. Comme,
dans son opinion, tout décret impérial, inséré au Bulletin des
lois, avait la force d'une loi, il n'avait point à rechercher les
limites des deux pouvoirs. Cependant, pour établir son opinion,
il rapporte le texte de l'avis du conseil d'Etat, approuvé le 18
août 1807, et s'en approprie la doctrine.

« La loi, dit cet avis, n'est autre chose qu'une règle commune
» aux citoyens. Elle établit des principes généraux, sur lesquels
» reposent leurs droits politiques et civils. Le point de savoir si
» la règle a été violée dans l'application au droit d'un particulier,
» est une simple question de fait; il s'agit alors d'exécuter la
» règle, et non d'en créer une nouvelle. La société a intérêt à ce
» que le principe ne soit changé que par la même autorité qui
» l'a établi : l'intérêt social n'est point blessé par l'erreur, ni
» même par l'injustice, dans la décision du fait particulier; c'est
» un préjudice individuel. Les lois les plus sages et les plus claires
» n'empêcheront jamais qu'il n'y ait des erreurs ou des injustices
» dans leur application. On a toujours regardé comme une ga-
» rantie politique, que la même autorité qui fait la loi ne soit
» pas chargée de l'exécution. Il est d'ailleurs impossible que la
» loi intervienne alors avec sûreté et avec dignité. Avec sûreté,
» parce que la question de fait dépend le plus souvent des con-
» naissances locales, et que le corps législatif n'est point organisé
» pour éclaircir et pour juger des questions de fait. La dignité de
» ce corps en est blessée, parce qu'on transforme les législateurs
» en simples juges; et le plus souvent encore l'objet du juge-
» ment est du plus médiocre intérêt. »

Il résulte de cette doctrine, que le législateur doit poser tous
les principes, et qu'il ne doit laisser à l'administration que les
questions d'application, c'est-à-dire, l'examen des faits qui né-

cessitent des décisions particulières ; d'où il suivrait que jamais le pouvoir exécutif n'aurait le droit de prescrire des mesures générales ; ou que ses ordres, en forme d'ordonnances, ne seraient que des instructions pour établir l'exécution uniforme parmi ses agens ; d'où il suivrait encore qu'il y aurait peu, ou point, de différence entre une ordonnance royale et une instruction ministérielle, et qu'on pourrait s'en passer absolument, parce que la loi doit se suffire à elle-même. C'est ce que nous examinerons plus tard.

L'embarras où se trouvent les publicistes et les jurisconsultes, pour assigner les bornes dans lesquelles le pouvoir exécutif doit exercer son pouvoir *réglementaire*, prouve assez qu'il n'a pas une grande réalité, et qu'en dernière analyse, il se réduit à un simple mode d'exécution.

M. de Cormenin (p. 59) s'exprime là-dessus en ces termes :

« On n'a jamais, jusqu'ici, bien déterminé, soit les matières » qui doivent être régies par les ordonnances, soit la forme, les » effets et le degré de force obligatoire des ordonnances elles-» mêmes : on est tombé, à cet égard, dans des méprises singu-» lières.

» Ainsi, sous la république, le pouvoir exécutif s'étant perdu, » englouti dans les assemblées législatives, les résolutions les plus » minces, des condamnations d'individus, de simples mesures » de police ou d'administration, restreintes à des objets particu-» liers, y prenaient le nom pompeux de lois.

» Sous le règne impérial, tandis que le corps législatif pronon-» çait solennellement sur l'aliénation ou sur l'échange d'une » parcelle de bien des communes, on tourmentait la propriété, » sur toute la face de la France, par des réglemens généraux » d'administration publique, mot vague qui n'a jamais été défini, » ou plutôt qui signifie tout, pour celui qui peut tout ce qu'il » veut. C'est à l'aide de ce mot que Napoléon gouvernait les » royaumes conquis, par de simples décrets, et que le conseil » d'Etat ensuite réglait toutes les matières. Aujourd'hui même, » n'obéissons-nous pas à ces décrets, qui ont force de loi, sans » qu'on puisse expliquer légalement d'où leur vient cette force ?

» Il serait difficile de marquer les caractères précis qui doi-» vent distinguer les ordonnances des lois : ceci dépend beau-» coup des lieux, des temps, de la forme des gouvernemens, etc.»

Plus loin. — « Tout ce qui touche l'exécution des lois, ou les
» matières de pure administration, doit être réglé par des ordon-
» nances ; tout ce qui touche la liberté des personnes, de l'opinion,
» de la conscience, doit être réglé par des lois. »

M. le baron de Gérando, dans le discours d'ouverture du cours
de droit public et administratif, a été fidèle à la distinction fondamentale entre les lois et les réglemens d'administration publique.

« Le droit administratif (1) est la gestion de l'intérêt commun.
» Il s'attache aux dispositions locales et journalières : c'est dans
» le droit public qu'il doit trouver sa règle, son épreuve, son
» contrôle ; et, s'ils sont bien conçus tous deux, l'un doit dériver
» de l'autre.

» Comme suprême autorité administrative, l'autorité royale en
» exerce les fonctions, ou en dirige tous les mouvemens, soit
» par elle-même et par des mesures générales, mais toujours par
» l'organe de ministres responsables, soit par des agens subor-
» donnés, et par des mesures particulières et locales, procurant
» l'exécution des lois impératives.

» Sous ce dernier aspect, on voit l'autorité administrative, dans
» cette action et ce mouvement, qui est son caractère propre,
» s'étendre ou se restreindre, suivant que l'intérêt social prédo-
» mine plus ou moins exclusivement dans ses déterminations,
» et qu'il rencontre, d'une manière plus ou moins sensible, les *in-*
» *térêts privés.* »

Le savant professeur nous paraît avoir ici touché l'une des limites
du pouvoir réglementaire ; il nous semble que jamais le Gouvernement ne peut, par des ordonnances, entamer, d'aucune manière, les droits privés.

Portalis est celui qui nous paraît avoir défini avec le plus de
précision le caractère des réglemens d'administration publique.

« Les lois proprement dites (dit ce grand jurisconsulte, dans
» le discours préliminaire sur le code civil), diffèrent des simples
» réglemens. C'est aux lois à poser dans chaque matière les règles
» fondamentales, et à déterminer les formes essentielles.

» Les détails d'exécution, les précautions provisoires ou acci-

----

(1) *Thémis*, tom. 1er, p. 66.

» dentelles, les objets instantanés ou variables ; en un mot,
« toutes les choses qui sollicitent bien plus la surveillance de l'au-
» torité qui administre que l'intervention de la puissance législa-
» tive, qui institue ou qui crée, sont du ressort des réglemens.

» Les réglemens sont des actes de magistrature, et les lois, des
» actes de souveraineté. » –

Si les réglemens ne sont que des actes de magistrature, ils ne
participent donc, en aucune manière, du pouvoir législatif ; ils
doivent donc se borner à statuer sur les objets spéciaux qui leur
sont soumis ; ce ne sont donc que des décisions.

C'est le cas de dire, avec Cicéron, parlant du magistrat politique, et non du juge : *Magistratus hanc essem vim ut prœsit,
prœscribat que recta et utilia, et* conjuncta cum legibus. *Ut enim
magistratibus leges, ita populo prœsunt magistratus. Magistratum
esse legem loquentem, legem autem mutum magistratum.* (*De Legibus*, III , 2.)

Les réglemens émanés du magistrat politique sont-ils d'une
autre nature, suivant qu'ils émanent du pouvoir royal ou du
pouvoir municipal ?

M. le président Henrion (1) adopte l'affirmative. Il prétend
que « le pouvoir de faire, dans la circonscription de chaque
» municipalité, les réglemens que le maintien de la police locale
» exige, n'est pas une concession de la puissance publique ; que
» les officiers municipaux le tiennent de leur mandat, ou, pour
» parler plus exactement, de cette règle du droit naturel, qui au-
» torise tous les individus et par conséquent les corporations d'ha-
» bitans, qui, relativement à la grande famille, ne sont elles-
» mêmes que des individus, à veiller à leur conservation. »

Mais l'autorité royale remplit aussi un mandat dans l'exercice
de sa puissance exécutive ; elle l'exerce au profit de la grande famille, dans l'intérêt de sa conservation. Il n'y a d'autre différence
que la grandeur du théâtre.

Les préfets remplissent un pareil mandat pour les objets d'ordre
public, remis par des lois spéciales, à leur surveillance personnelle.

La preuve évidente que toutes ces attributions dérivent de la
puissance exécutive, c'est que les réglemens de police municipale

-----

(1) Compétence des juges de paix, p. 629, édit. de 1820.

peuvent être modifiés par les préfets, ou par les ministres, avec le concours du Roi ; ceux des préfets sont soumis à la même censure : enfin, plus d'une fois, l'autorité royale elle-même a fait des réglemens de police municipale. Telle est l'ordonnance sur la construction des fosses d'aisance de Paris, du 24 sept. 1819, et celle du 29 fév. 1820, homologative d'un arrêté du maire de Boulogne.

On n'a pas oublié l'ordonnance générale de police, du 7 juin 1814, sur l'observation des fêtes et dimanches, émanée du directeur général de la police.

Ce n'est pas que nous partagions l'opinion de M. Henrion (1), qui attribue à chaque ministre le droit de régler par des arrêtés tout ce qui entre dans les attributions de son département.

Il est, au contraire, de principe, que les ministres doivent se borner à rendre des décisions sur des cas particuliers, parce que la Charte ne réserve qu'au Roi, le droit de faire des réglemens d'administration publique.

Cette limitation a été portée à dessein ; d'abord, parce que dans notre législation il y a recours au Roi, en son conseil, contre toutes les décisions ministérielles, et qu'on ne saurait comment attaquer un arrêté général ; ensuite, parce que le Roi a sagement apposé à l'exercice de son pouvoir réglementaire des formes délibératives, propres à prévenir bien des fautes, en appelant le concours du conseil des ministres et du conseil d'Etat (ordonn. du 19 avril 1817.)

Les ministres font encore un très-grand abus des circulaires. On se rappelle qu'il a suffi d'une instruction du ministre de la justice, pour empêcher les officiers de l'état civil de procéder au mariage des prêtres, et d'une autre circulaire, pour prohiber le mariage, en France, des gens de couleur.

Nous ne reconnaissons dans les maires et dans les préfets, le pouvoir de réglementer certains objets d'ordre public, que parce que des lois spéciales leur en ont formellement donné la mission. mais il a toujours été de principe, qu'une instruction ministérielle n'a aucune espèce d'autorité. L'art. 92 du projet de constitution du 29 juin 1815, défendait expressément aux juges d'y avoir aucun égard. Les ministres, sauf le droit de décider sur les cas particuliers, qui sont du ressort de l'autorité administrative, ne

---

(1) P. 466, *Autorité judiciaire.*

peuvent donner des ordres généraux, qu'avec l'approbation du Roi. Ils doivent toujours parler en son nóm, quoique sous leur responsabilité personnelle.

Puisqu'il est si difficile d'établir *à priori* ce qu'il est, peut-être parviendrons-nous à en tracer les limites, en disant ce qu'il n'est pas.

Or, en premier lieu, nous trouvons dans la Charte que la puissance législative s'exerce exclusivement par le Roi et par les chambres.

Donc, le Gouvernement n'a pas le droit de régler par des ordonnances rien de ce qui est dans le domaine du législateur.

Ainsi, nous voyons dans l'art. 14 que le Roi fait les réglemens nécessaires *pour l'exécution des lois* (nous négligeons pour un moment les mots *et pour la sûreté de l'Etat*, qui seront l'objet d'un examen particulier) ; donc, tout ce qui sort du domaine de l'exécution, tout ce qui est interprétation ou modification est interdit à l'autorité royale ; donc, le pouvoir réglementaire n'est pas autre chose que le pouvoir exécutif.

Il est encore incontestable que tous les droits qui sont garantis par la Charte, sont hors de la puissance des ordonnances, puisqu'ils sont, ou doivent être, même, hors la puissance du législateur constitué.

En troisième lieu, aucun impôt ne peut être établi qu'en vertu d'une loi.

En quatrième lieu, le Gouvernement ne peut, d'aucune façon, par ses réglemens, créer des peines, ni des amendes, ni porter aucune atteinte à la propriété, ou à la personne des citoyens.

L'art. 68 de la Charte maintient toutes les lois antérieures, jusqu'à ce qu'il y soit légalement dérogé.

Ici il faut admettre une distinction nécessaire.

Parmi les anciennes ordonnances, les *édits* et les *déclarations*, enregistrés dans les cours de justice, statuant sur des objets généraux, qui sont encore aujourd'hui du domaine du législateur, sont maintenus, s'ils n'ont pas été formellement abrogés. Quant aux *lettres-patentes*, aux *réglemens militaires* et aux *arrêts du conseil*, presque tous étaient renfermés dans les limites tracées aujourd'hui aux ordonnances royales. Cependant il en est, surtout des lettres-patentes, qui ont été enregistrées dans les cours, et qui ont force de loi ; de même que, dans les grandes

ordonnances, il a pu se glisser des dispositions purement régle-
mentaires.

Les lois de l'assemblée constituante sont assez généralement
rendues dans les limites de la compétence assignée aujourd'hui
au corps législatif. Nous ne croyons donc pas, en thèse générale,
qu'on puisse, par des ordonnances, y déroger.

L'assemblée législative, dans son règne d'une année, a fait
beaucoup de réglemens.

Quant à la Convention, ainsi que M. de Cormenin nous le
faisait remarquer tout-à-l'heure, elle réunissait tous les pouvoirs;
elle administrait et elle jugeait. Il n'y a donc de véritables lois,
parmi les innombrables décrets qu'elle a rendus, que ceux qui
ont réglé des objets généraux.

Parmi les décrets, émanés du chef du dernier Gouvernement,
qui tous ont acquis l'autorité des lois, surtout à l'égard des citoyens, l'autorité royale peut rapporter tous ceux qui statuent
sur des objets particuliers d'administration intérieure.

Quant aux matières qui, depuis la restauration, sont régies par
des lois, il n'est pas permis au pouvoir exécutif d'y toucher, si ce
n'est pour en procurer la stricte et ponctuelle exécution.

Il serait intéressant, sans doute, d'examiner ici la légalité des
ordonnances rendues par le Gouvernement royal, depuis la restauration; mais cette revue nous entraînerait trop loin; elle ne
serait d'ailleurs que la répétition des observations placées sous
chacune d'elles, dans cette Collection.

Une ordonnance peut être viciée d'excès de pouvoir de mille
manières; cela dépend de la matière à laquelle elle se rapporte,
et de l'état antérieur de la législation.

Généralement, on doit admettre que tout ce qui, par sa nature,
pourrait être aujourd'hui réglé par une simple ordonnance, reste
dans le domaine du pouvoir réglementaire; encore bien qu'an-
térieurement, il y eût été statué par des dispositions qualifiées
législatives.

Tels sont les réglemens, pour l'organisation intérieure des ad-
ministrations, pour les traitemens des fonctionnaires publics et
les pensions sur fonds de retenue (1), pour le service et l'organisation de l'armée de terre et de mer, etc., etc.

____

(1) Nous exceptons les pensions militaires et civiles, payées par le trésor, at-

On a demandé si le Gouvernement ne pouvait pas remettre en vigueur, et publier de nouveau, comme lois de l'Etat, d'anciennes ordonnances tombées en désuétude.

Sans doute, le Gouvernement a le droit de publier toutes les lois, puisqu'il est chargé de leur exécution; mais il ne peut remettre en vigueur des lois abrogées : autrement, il serait législateur.

L'art. 2 de l'arrêté consulaire du 12 messidor an VIII, porte : « que le préfet de police pourra publier de nouveau les lois et » réglemens de police, et rendre les ordonnances tendant à en » assurer l'exécution. »

Mais cette disposition doit, ainsi que l'art. 14 de la Charte, être entendue en ce sens, qu'il fait exécuter toutes les lois en vigueur, et qui ne seraient pas abrogées (1) formellement, ou par la désuétude. Il fait ensuite des ordonnances; c'est-à-dire, qu'il prescrit, par des ordres généraux, le mode d'exécution; mais, quoique ce magistrat de police ait beaucoup abusé, et qu'il abuse tous les jours de la faculté qui lui est accordée, ses pouvoirs ne sont autres que ceux d'un maire d'une commune rurale.

Si, sous prétexte qu'il publie d'anciens réglemens, il remet en vigueur d'anciennes dispositions abrogées (comme on l'a fait, par exemple, dans l'ordonnance générale de police, sur la célébration des fêtes et dimanches, du 7 juin 1814), il y a lieu d'examiner s'il n'a pas excédé les bornes de la compétence assignée au pouvoir municipal par la loi du 24 août 1790, et l'art. 46 de celle du 21 juillet 1791. (*V.* M. Henrion de Pensey, *Compétence des juges de paix*, chap. dernier.) En cas d'excès de pouvoir, son ordonnance est sans force, et les tribunaux ne sont pas obligés de la faire exécuter. L'art. 471 du Code pénal n'est point applicable dans ce cas.

Le pouvoir réglementaire, dévolu par la Charte au Gouvernement du Roi, étant de même nature que celui des corps municipaux et des préfets, la même limitation existe, quant au droit de publier et de faire exécuter les anciennes lois.

---

tendu qu'elles ont été fixées par des lois, et qu'il n'appartient pas au Gouvernement de grever le trésor, comme on l'a fait en 1815 et 1816, par des ordonnances secrètes, au profit des émigrés, et autres. — L'ordonn. sur les retraites, du 23 août 1814, nous paraît illégale.

(1) C'est là la différence qui existe entre *rappeler* et *rétablir*; rétablir, c'est créer.

Si elles sont encore en vigueur, et que leur ancienneté soit telle, que les citoyens n'en aient pas une connaissance suffisante, le Gouvernement remplit un devoir, par une nouvelle publication. C'est ainsi que Napoléon, par un décret du 25 février 1810, a de nouveau fait publier l'édit de Louis XIV, du mois de mars 1682, sur la déclaration du clergé, au sujet des libertés de l'église gallicane.

Seulement, on s'est exprimé inexactement dans ce décret, en disant : « L'édit de Louis XIV… est déclaré loi générale de l'em- » pire »; car il n'avait pas cessé de l'être. S'il eût été abrogé, le Gouvernement impérial n'aurait pas eu le droit de le remettre en vigueur.

Depuis la restauration, il y a eu une grande tendance à remettre ainsi en vigueur les anciennes ordonnances de nos Rois. Nous, qui avons fait de ces ordonnances l'objet spécial de nos études, nous sommes loin de blâmer cette direction ; mais on ne doit s'y livrer qu'avec la plus grande circonspection. Nous croyons qu'il n'appartient pas au Gouvernement d'exploiter, comme il le fait, cette mine féconde de bonne et de détestable législation. Ce n'est pas par des ordonnances qu'il peut remettre en vigueur les dispositions pénales des anciennes lois françaises.

Deux exemples prouvent le danger de ce système.

Une ordonnance du 22 juillet 1816 a remis en vigueur un édit de 1696, qui défend de frapper des médailles ailleurs que dans les ateliers du Louvre.

Le Sr Lambert, éditeur d'une médaille que le directeur de la monnaie avait refusé de frapper, ayant tiré des empreintes, ou clichés, de ses coins, fut traduit au tribunal de police correction- nelle, pour contravention aux dispositions de l'arrêté du 5 germinal an XII, qui ne parle que des médailles frappées au grand balancier.

Le tribunal reconnut que l'arrêté de germinal ne parlait pas des clichés ; mais, appliquant, d'office, l'édit de 1696, il a condamné le Sr Lambert à 50 fr. d'amende, et à la confiscation des ustensiles et outils. Le prévenu pouvait démontrer que l'Edit ne s'appliquait qu'aux jetons, ou pièces de plaisir, fabriqués *par les procedés du monnoyage*, et qu'il était d'ailleurs abrogé. Mais il n'a pas appelé de cette condamnation, par la raison que l'Edit dont il s'agit, en cela conforme à l'esprit de l'ancienne législation pénale, porte *peine arbitraire*, même celle des *faux monnoyeurs*, contre les contrevenans.

On pouvait donc, en vertu de cette ancienne ordonnance, le traduire devant la cour d'assises, ou du moins le condamner à une amende indéfinie, pour un fait innocent.

Par ordonnance du 28 août 1816, le Gouvernement avait remis en vigueur les dispositions de celle de 1669, qui prononçait une amende de 3000 fr. et la confiscation, pour violation des réglemens depuis long-temps abrogés, sur le martelage des bois de la marine; par autre ordonnance du 22 septembre 1819, il l'a rapporté comme étant contraire au droit de propriété.

Concluons donc, avec toute certitude, que le Gouvernement n'a pas plus le droit de remettre en vigueur d'anciennes ordonnances abrogées, que de faire de nouvelles ordonnances sur des matières qui sont du domaine du législateur.

Maintenant, examinons si une ordonnance, alors même qu'elle est rendue hors des limites assignées au pouvoir réglementaire, peut obliger les citoyens, et enchaîner les tribunaux.

M. Henrion de Pensey (*de l'Autorité judiciaire*, p. 117) adopte l'affirmative. « Le pouvoir exécutif, dit-il, a cela de commun avec
» la puissance législative, que les actes qui en émanent portent,
» comme les lois elles-mêmes, l'empreinte de l'autorité publique,
» et commandent également l'obéissance. »

« La puissance législative et le pouvoir exécutif diffèrent en
» ce que la 1re n'agit que par des décisions générales et perma-
» nentes, et que les actes du pouvoir exécutif ne sont que des
» décisions particulières, toujours relatives aux circonstances, et
» mobiles comme elles. »

Ainsi ces deux espèces d'actes ne différeraient que par la forme, nullement quant aux effets.

Ces lignes étaient écrites, sous le dernier Gouvernement; la doctrine qu'on y professe s'accorde parfaitement avec celle de l'auteur du nouveau répertoire; elle est contraire au droit public fondé sur la Charte, et on ne s'y arrêterait pas, si on ne la retrouvait plus amplement développée, au chap. 28 du même ouvrage, écrit depuis la restauration.

« La présomption (dit-il, p. 463) est toujours en faveur de
» l'autorité royale; et l'ordonnance doit-être réputée légale par
» cela seul qu'elle existe. Le réclamant s'adressera donc au Roi,

» ou, ce qui est la même chose, à ceux de ses conseillers qu'il a
» chargé de lui rendre compte de l'affaire, ou il se plaindra au
» corps législatif. »

« S'il en était autrement, s'il était donné aux juges de pro-
» noncer sur la légalité d'un acte de cette espèce, ce serait su-
» bordonner la 1re des autorités à une autorité secondaire ; ce
» serait choquer l'indépendance de l'administration. »

Il ne fallait rien moins que l'autorité d'un si grave magistrat,
pour nous obliger à entrer dans la discussion d'un point de droit
public, qui parait si généralement résolu dans un sens contraire.

M. Henrion suppose d'abord qu'on peut se pourvoir au conseil
d'Etat contre une ordonnance du Roi ; et c'est là une erreur qu'il
importe de relever, d'autant plus que l'auteur est revêtu du titre
de conseiller d'Etat.

Il est de jurisprudence constante, au conseil, que nul recours
n'est admis contre les actes de l'autorité souveraine, de quelque
vice qu'ils soient infectés, si ce n'est contre les décisions par dé-
faut, rendues en *matière contentieuse*. Le conseil d'Etat prête serment d'obéissance aux ordonnances du Roi et à ses réglemens,
et il observe ce serment.

A la vérité, on peut présenter une requête au Roi, en la forme
non contentieuse. Mais il est extrêmement rare qu'on y réponde,
parce que le ministre qui a contresigné l'ordonnance, est, en
quelque sorte, intéressé à la défendre.

On a encore le recours devant les chambres, par voie de péti-
tions ; mais celles-ci n'ont pas le droit d'annuller l'ordonnance ;
elles ne peuvent guère ordonner qu'un renvoi inefficace, ou décréter
le ministre d'accusation, ce qui n'aura lieu que quand on aura
érigé en loi l'art. du projet sur la responsabilité des ministres de
1814, qui qualifie *trahison*, tout acte d'empiétement sur l'autorité législative.

Jusques là, la plainte devant les chambres peut être utile dans
les cas graves, mais le plus souvent elle sera stérile.

Examinons donc s'il est vrai que l'ordonnance soit exécutoire
par elle-même, et éclaircissons la difficulté par un exemple.

La loi du 24 août 1791 oblige les tribunaux à prononcer des
peines contre les infracteurs des ordonnances de police, rendues
par les corps municipaux dans les limites de leur compétence.

Le Sr Roman, ayant contrevenu à un arrêté du maire, qui lui ordonnait de tapisser le devant de sa maison, lors du passage du St.-Sacrement, fut condamné par le juge de paix et par le tribunal correctionnel. Le jugement fut annullé par arrêt de la cour de cassation du 20 novembre 1818 : sur le renvoi prononcé devant le tribunal d'Aix, celui-ci ayant confirmé la condamnation, nouveau pourvoi qui fut discuté devant la cour suprême, toutes les sections réunies.

Celle-ci, par son arrêt du 26 novembre 1819, a cassé ce second jugement par le motif que le maire n'avait pas eu ledroit de donner l'ordre de tapisser.

M. Henrion, développant les motifs de cet arrêt, remarque avec raison (p. 630 de sa nouvelle édition de la compétence des juges de paix) « qu'il n'a pu être dans l'intention de la loi de sanc-
» tionner, indistinctement et sans restriction, tout ce qu'il plairait
» à des officiers municipaux, de défendre ou d'ordonner par des
» délibérations en forme de réglemens de police; une confiance
» aussi aveugle aurait eu pour résultat de conférer la puissance
» législative aux corps municipaux. »

Page 645, il ajoute. — «Les juges de paix sont obligés de punir
» les contraventions aux réglemens de police municipale, toutes
» les fois qu'ils peuvent le faire sans sortir du cercle de leurs at-
» tributions; chacun des pouvoirs a une sphère d'activité qui lui
» est propre ; et, lorsque l'un se permet d'en franchir les limites,
» l'autre n'en est pas moins obligé à respecter les siennes. »

Ces principes sont applicables, à plus forte raison, aux ordonnances royales, viciées d'excès de pouvoir, puisqu'aucune loi ne commande aux tribunaux de les appliquer, et puisque la cour de cassation ne peut casser des jugemens, que pour contravention aux lois.

Si les tribunaux étaient soumis aux ordonnances, c'est-à-dire, aux ordres du pouvoir exécutif, ils n'auraient plus aucune indépendance; le Gouvernement, qui déjà, dans la ligne administrative, fait exécuter ces ordonnances comme des lois, pourrait usurper entièrement la puissance législative.

Mais s'écriera-t-on avec Justinien, parlant de ses édits, *quis tantæ superbiæ tume-factus est, ut regalem sensum contemnat* (l. 12, cod. de leg. et constit.).

Qui ? sans doute le citoyen, blessé dans sa personne ou dans ses biens, par l'effet d'une ordonnance. *V.* celle du 4 juin 1816, qui, au mépris de la loi du 5 décembre 1814, autorise la spoliation des immeubles attribués à des établissemens publics, à titre *définitif.*

Mais, dira-t-on, vous constituez les tribunaux juges de ce qu'il y a de plus respectable et de plus auguste. Nous répondons : la constitution, les prérogatives du pouvoir législatif et la justice due aux citoyens sont plus respectables encore. A quel titre, d'ailleurs, ces ordonnances, dont plusieurs ne sont pas même élaborées par le conseil d'Etat, qui sont préparées dans le secret, et qui n'ont point subi l'épreuve d'une discussion solennelle et publique, prétendraient-elles à l'obéissance absolue des citoyens ? Ouvrage d'un pouvoir permanent dont la tendance le porte naturellement hors de ses limites, variables comme l'administration, révocables au gré des ministres, et sujettes à responsabilité, les ordonnances ne commandent le respect et la soumission, qu'autant qu'elles sont la déduction rigoureuse des lois; elles ne valent que par la loi et pour la loi.

Si l'on insiste sur ce qu'il n'appartient pas aux tribunaux de censurer les actes du pouvoir exécutif, nous répondons, avec le savant magistrat que nous citions tout à l'heure, « que le pouvoir » judiciaire n'est pas obligé de porter secours au pouvoir admi- » nistratif; si ce dernier est sorti des bornes de ses attributions, » ce n'est pas une raison pour que l'autorité judiciaire commette » une forfaiture, en s'associant à son usurpation. »

La doctrine de la résistance aux ordres du pouvoir exécutif, est devenu, en Angleterre, un dogme inexpugnable.

« Jusqu'à la révolution de 1688, dit Meyer, membre de l'institut » des pays-bas (*des inst. judiciaires, tom.* 2, *p.* 286), les Rois » avaient prétendu pouvoir accorder des sursis à l'exécution des » lois, ou paralyser leur exécution, dans des cas particuliers Le » parlement avait toujours contesté cette prérogative, qui met- » tait la législation au pouvoir du monarque; mais ce n'est que » depuis le fameux Bill des droits que l'abus a cessé.

» Cette loi a donné aux juges la faculté, ou plutôt leur a im- » posé l'obligation de désobéir à tout ordre, qui leur serait adressé » au nom du Roi, contraire aux lois et aux usages établis dans » le royaume.

» Ce droit de résistance est considéré, à juste titre, comme le » garant des libertés du peuple anglais.

« In this period , dit le célèbre Blakstone (1), qui exerçait dans sa patrie des fonctions analogues à celles que M. le président Henrion remplit avec tant de distinction parmi nous. « Many laws
» have passed, as the BILL OF RIGHTS, etc, which have asserted
» our liberties in more clear and emphatical terms, have confirmed
» and exemplified the doctrine of resistance, when the execu-
» tive magistrate endeavours to subvent the constitution; have
» maintained the superiority of the laws, above the King, and
» have made the judges completely independent of the King, his
» ministers and his successors. »

On pousse, en Angleterre, la rigueur des principes si loin, que celui qui tue l'officier de justice, porteur d'un mandat irrégulier, est réputé avoir agi dans la latitude de la défense légitime (*Delolme, Const. of England, B.* 11 , *chap.* 14.) Le savant Meyer, qui a si profondément étudié les institutions judiciaires de tous les peuples de l'Europe, adopte entièrement cette doctrine.

La cour de cassation vient d'avoir l'occasion de la consacrer dans une espèce ou il s'agissait de la résistance apportée par un Sr *Bernard*, à l'exécution du mandat d'un commissaire de police.

Il était prévenu du délit de rebellion; acquitté d'abord par le tribunal de 1re instance , il fut condamné sur appel par arrêt de la cour royale de Grenoble.

Sur le pourvoi qu'il porta devant la cour de cassation, il établit que, d'après les dispositions du code d'instruction criminelle, (art. 16), les officiers de police judiciaire, tels que les gardes champêtres ou forestiers, les maires ou leurs adjoints, les commissaires de police et les officiers de gendarmerie, n'ont droit d'arrestation que dans le cas de *flagrant délit*, et lorsque ce délit emporte la peine d'emprisonnement ou une peine plus grave; qu'ainsi il avait eu le droit de résister.

Mais, par arrêt de la cour de cassation du 5 janvier 1821, son pourvoi a été rejeté par les motifs suivans :

 - « Considérant qu'il résulte du texte de l'art. 209 du Code pé-
» nal, qu'il y a crime ou délit de rebellion, toutes les fois qu'il y a
» attaque ou résistance avec violence et voies de fait envers la
» force publique, agissant pour l'exécution des ordres de l'auto-
» rité publique; qu'il a été déclaré en fait que, sur l'ordre donné

____

(1) Comment. on the laws of England , B. iv, chap. 33 , n° 6.

» par le commissaire de police de Grenoble à la force publique,
» celui-ci lui opposa résistance ; que la circonstance que le com-
» missaire de police, en ordonnant l'arrestation, serait sorti de ses
» fonctions, ne pouvait rien ôter au caractère du délit de rebel-
» lion, puisque cet article ne subordonne pas son application au
» plus ou moins de régularité dans l'ordre émané de l'autorité ;
» que l'illégalité de ces ordres pourrait seulement donner lieu à
» la prise à partie, ou à des poursuites contre les fonctionnaires
» qui les auraient donnés ; mais que cette illégalité ne pourrait,
» dans aucun cas, autoriser un particulier à s'y opposer avec vio-
» lence et voies de fait ; que le système contraire, qui conduirait
» directement à autoriser chaque particulier à se constituer juge
» des actes émanés de l'autorité publique, serait subversif de tout
» ordre public ; qu'il ne serait fondé sur aucune loi, et qu'il ne
» peut être admis. »

La *constitution* de 1791, art. 2, porte que les droits de l'homme
sont la liberté et la *résistance à l'oppression*; et l'art. 7 veut que
nul ne puisse être arrêté, que dans les cas déterminés par la loi,
et selon les formes qu'elle a prescrites.

Cette loi ajoute : « ceux qui expédient, exécutent ou font exé-
» cuter des ordres arbitraires, doivent être punis ; mais tout ci-
» toyen, appelé ou saisi en vertu de la loi, doit obéir à l'instant ;
» il se rend coupable par la résistance. »

Si, donc, le citoyen qu'on a voulu arrêter soutient que, loin
d'agir en vertu de la loi, on en a violé toutes les formes, il doit
être admis à en fournir la preuve ; dans l'espèce, le tribunal de
Grenoble l'avait trouvée suffisante.

Le plus prudent sans doute est d'obéir ; mais il n'est pas illégal
de résister, à ses risques et périls. Supposons, par exemple, qu'un
homme sommé d'obéir à un mandat émané d'un officier de police judiciaire incompétent, repousse la force armée, et qu'il
commette un meurtre. Cet homme, traduit à la Cour d'assises,
ne sera-t-il pas admis à faire valoir devant les jurés l'illégalité de
ces ordres? et s'il prouve cette illégalité, pourrait-il être condamné lui-même? nous ne le croyons pas ; la défense est de droit
naturel. Le fonctionnaire qui usurpe un pouvoir que la loi ne lui
a pas donné, non seulement prévarique, mais doit subir la
chance de son usurpation.

Mais revenons à notre distinction entre les lois et les ordonnances.

En Angleterre, il n'y a que deux espèces de lois, *statute law*, qui comprend tous les actes du parlement; *common law*, qui renferme le droit municipal ou coutumier. On ne sait pas ce que c'est que le pouvoir réglementaire. Un Anglais serait fort étonné d'apprendre que nous avons 15 volumes d'ordonnances contre un volume de lois. Il regarderait comme une offense à la loi, la place que les actes du pouvoir exécutif occupent dans le Bulletin.

Le souverain, en Angleterre, ne fait que des *proclamations*, et elles sont fort rares, toujours relatives à des objets temporaires ou peu importans.

Il en fut de même, en France, sous l'assemblée constituante; les actes émanés du Roi, sans le concours de l'autorité législative, étaient qualifiés *proclamations* (*V*, note sur l'ordonnance du 25 octobre 1820, p. 3ı8 de cette collection.) Le recueil officiel des lois de cette époque, n'en contient qu'un très-petit nombre. Il en sera de même, en France, lorsque le Gouvernement constitutionnel sera consolidé.

L'année 1814 fut le règne des ordonnances; 1815 et 1816 nous en offrent encore beaucoup, patentes ou secrètes. En 1817 et 1818, le nombre en a considérablement diminué. Enfin, les années 1819 et 1820 renferment à peine 20 à 30 réglemens généraux; encore est-il prouvé, par les notes qui les accompagnent que la plupart sont susceptibles de critique; elles renferment beaucoup de dispositions superflues.

Si les chambres veillent constamment à l'abus qu'on peut en faire; si les citoyens ont le courage de résister à ce qu'elles renfermeraient d'illégal, et s'il est établi que les tribunaux ne peuvent les appliquer, bientôt on pourra nous appliquer la maxime du Gouvernement de Lycurgue, et celle du Gouvernement anglais.

On pourra dire, avec le défenseur du Sᵗ Roman (1).: *Il n'y a que la loi d'exécutoire en France.*

A Rome, les *rescrits* des Princes ne firent jamais d'autorité au barreau. Quand, par la loi *Regia*, ils eurent obtenu le pouvoir législatif, leurs Constitutions étaient encore soumises à l'approbation du Sénat. Les *rescrits*, d'ailleurs, furent toujours peu considérés. Or, aujourd'hui toutes les ordonnances sont des rescrits.

____

(1) Notre honorable collègue, M. Odillon-Barrot. Plaidoyer à la cour de cassation.

On peut donc, avec M. Dupin (*Lois des lois*, n° 86), leur appliquer la disposition de la Constitution des empereurs Gratien, Valentinien et Théodose : *Præscriptio temporis Juri publico non debet obsistere, sed nec Rescripta quidem* (loi 6, **Cod.** de *operibus publicis.*)

Voyez encore la déclaration donnée, par Louis XII, à Orléans, le 22 décemb. 1499, qui défend aux cours de justice d'avoir égard aux Lettres du Prince, contraires aux dispositions des ordonnances. —Aujourd'hui les ordonnances ne sont plus que *Lettres du Prince*; on peut donc avec le président de Harlay, dire qu'elles sont les ordonnances du Roi, et non du *royaume.* Les Parlemens ne voulurent jamais reconnaître leur autorité, tant il est vrai que c'est une doctrine toute nouvelle, que celle qui veut y soumettre les tribunaux.

Parmi les usurpations de pouvoir, consacrées par des ordonnances, et injurieuses à la majesté des lois et à la dignité des tribunaux, nous citerons celles relatives aux généraux Grouchy et Gilly, parce qu'elles se présentent sous une apparence d'équité et de justice qui pourrait séduire.

Ces deux généraux étaient prévenus d'avoir renversé le Gouvernement royal, à main armée; des procédures avaient été entamées contre eux; par deux ordonnances, des 24 novembre 1819 et 11 février 1820, le Gouvernement a déclaré compris dans l'amnistie les faits incriminés, et annullé l'information : voilà ce qu'on appelle une *ordonnance d'abolition.*

En 1770, le conseil du Roi tenta d'exercer le même pouvoir, pour soustraire le duc d'Aiguillon à la prise de corps ordonnée contre lui. Le Parlement résista. Le Roi, dans un lit de justice, fit lacérer l'arrêt de remontrance, et brûler les pièces. Le Parlement n'en persista pas moins à tenir le duc d'Aiguillon pour inculpé. Le Gouvernement céda.

Comment donc le pouvoir législatif a-t-il pu voir, sans jalousie, des amnisties prononcées par ordonnances, et des procédures annullées par un simple acte du pouvoir royal? Voudrait-on soutenir que le droit d'abolition ou d'amnistie est compris dans le droit de grâce et de commutation? Le droit de grâce suppose culpabilité; le droit d'amnistie et d'abolition répond à ceci : Le Roi ne veut pas qu'on en parle. Mais, quand on voulait imposer un pareil silence au Parlement, il ne se faisait pas scrupule de le rompre. Serions-nous aujourd'hui de condition pire ? ou serions-nous moins libres que les Bavarois, dont la Charte monarchique, et même féodale, tout en accordant au Roi le même droit de grâce, stipule expressément, par l'art. 4 du tit. VIII, qu'il ne pourra jamais arrêter un procès, ni une instruction commencée.

Nous ne doutons pas de l'innocence des généraux Grouchy et Gilly ; mais elle ne pouvait être régulièrement déclarée que par un conseil de guerre.

Alphonse II, Roi d'Aragon, ayant publié des ordonnances pour réparer les torts commis par son Gouvernement, la Nation ne voulut pas les admettre, parce qu'elles avaient été expédiées de la seule autorité royale. La Nation, armée en conséquence du pacte de l'union, exposa à S. M. qu'elle devait convoquer l'assemblée des Cortès, afin que les torts fussent réparés par des lois, et non par des ordonnances. Alphonse les convoqua, en 1287, à Sarragosse ; et non-seulement il fit droit aux réclamations, mais il expédia un Edit, par lequel il approuvait la conduite des Cortès, en les autorisant à en faire autant, en pareille occasion, contre les Rois, ses successeurs.

Cet Edit est très-célèbre dans les ouvrages de jurisprudence ; il est nommé le *Privilége de l'union.*

Plus tard, le diplôme d'Alphonse II fut lacéré, à coups de poignard, par Pierre IV, qui en reçut le nom de *Pierre-des-Poignards.* C'est à cette époque que périt la Constitution (1) des Aragonais (Blancas, historien du 16e siècle).

Parmi les ordonnances françaises, on a voulu en distinguer de deux espèces ; les unes rendues en vertu du mandat particulier consigné par le législateur, dans une loi organique : on les a surnommées *législatives ;* les autres rendues pour des cas extraordinaires, dont le pouvoir exécutif demeure seul appréciateur : ce sont les ordonnances rendues pour la *sûreté de l'Etat.*

Quant aux ordonnances prétendues *législatives,* c'est M. Roy qui le premier leur attribua cette qualification à la tribune de la Chambre des Députés (2). Il résulte de la discussion qui s'ouvrit

____

(1) C'est dans cette Constitution qu'on trouve cette formule mémorable, adressée par les Cortès au Roi, à son avénement.

« Nous, qui valons autant que toi, et qui pouvons, dans ce moment, plus » que toi, nous t'élisons Roi, sous la condition de conserver nos lois et nos » libertés ; *sinon, non.* »

(2) C'était à l'occasion de l'ordonn. du 22 mai 1816, qui organise l'administration de la caisse d'amortissement.

à cet égard, que les ordonnances, émanant toutes du même pouvoir, ont toutes le même caractère; qu'elles sont toutes également révocables.

Quant à la délégation, insérée dans certaines lois en faveur du pouvoir réglementaire, M. le Cte Lanjuinais (*Essai sur la Charte*, no 359) observe, avec raison, que le pouvoir législatif est, de sa nature, incommunicable.

« Il y a abus, dit ce grand et vertueux publiciste, ou super-
» fluité dangereuse dans tous les articles de la loi, qui délèguent
» au Roi le pouvoir de faire des réglemens sur tel ou tel sujet. Si
» l'on n'entend, par ces choses, que respecter le droit constitu-
» tionnel du Roi de réglementer les détails vraiment réglemen-
» taires, comme le temps, le lieu, la forme, et tout ce qui ne
» préjudicie pas aux droits individuels, ce qui ne crée ni des
» crimes, ni des délits, ni des peines, on fait une disposition
» inutile, et tendant à énerver l'autorité réglementaire : si l'on
» entend déléguer un autre droit que cette même autorité régle-
» mentaire, dans les limites conformes à la Charte et à son es-
» prit, on blesse la Constitution ; on opère la confusion des
» pouvoirs législatif et exécutif; on détruit les garanties pu-
» bliques. »

Ainsi, la réserve, faite par l'art. 21 de la loi du 5 février 1817, sur les élections, était *inutile* en ce sens, qu'il n'était pas besoin de disposition législative pour autoriser le Gouvernement à régler les formalités relatives à son exécution; *dangereuse* en ce sens, que le Gouvernement pouvait s'autoriser de cette disposition, pour modifier la loi; par exemple, pour obliger les électeurs de voter sous les yeux des membres du bureau.

Les formalités, pour les élections, touchent à une matière si délicate, qu'on peut les considérer comme *essentielles*, et qu'en conséquence, elles doivent, d'après l'opinion de M. Portalis, rester dans le domaine du législateur.

Aussi, la loi du 29 juin 1820 a-t-elle pourvu à celles que réclamait l'expérience : on peut citer, comme modèle d'ordonnance réglementaire, celle du 11 octobre 1820, contresignée, *Siméon*.

M. le Cte Lanjuinais (*ibid*, no 358) s'élève, avec force, contre les BOUTS DE LOI.

« C'est ainsi qu'on appelait, sous le règne de Napoléon, les
» sommaires de législation, rédigés en quelques lignes, tout exprès

» pour les développer, les modifier ensuite arbitrairement, par
» des volumes de réglemens, ou décrets, ou ordonnances, exé-
» cutoires en vertu de la délégation spéciale de la loi, ou sans
» cette autorisation spéciale; ils ne furent, et ne seront jamais
» que des artifices du despotisme, des formes traîtresses, afin de
» réduire à de vains simulacres les chambres législatives.

» En toute matière, la loi doit énoncer, avec les principes,
» les principales conséquences; autrement, il y a confusion des
» deux grands pouvoirs et suppression des garanties constitu-
» tionnelles. Cela est vrai, surtout pour les lois politiques, ou cri-
» minelles, ou de finances. Il y a d'autres matières où l'on peut
» se confier davantage au discernement, à la sagesse des minis-
» tres, des administrateurs et des juges ; telles sont les dispo-
» sitions de loi surajoutées aux lois générales, pour les étendre,
» ou les restreindre, ou les éclaircir. C'est alors que les bouts de
» loi peuvent convenir, si on a la paresse de ne pas revoir la loi
» entière, et pourvu qu'il ne s'agisse point de ces détails qui,
» limitant les garanties individuelles, doivent être présentés
» avec autant d'ordre et d'adresse que de précision. »

Nous croyons avoir suffisamment démontré que jamais les ordonnances ne peuvent usurper le caractère des lois; qu'elles ne
peuvent les modifier, ni les interpréter, remettre en vigueur des
lois abrogées, ou tombées en désuétude; qu'elles ne peuvent,
dans aucun cas, créer des peines, ni des amendes, porter atteinte
à la propriété, ou aux droits garantis par la Charte. Elle est donc
erronée l'assertion de M. Henrion, que le Roi administre par des
ordonnances en forme de lois (1).

Nous avons prouvé, d'après des autorités respectables, qu'on
n'est pas tenu d'obéir aux ordonnances, si on les croit viciées
d'excès de pouvoir; que les tribunaux ne sont pas liés par elles;
qu'il ne peut y avoir de pourvoi en cassation, pour violation d'une
ordonnance, quelle qu'en soit la forme.

Par ordonn. du 24 mars 1820, insérée au Bulletin, par extrait
(n° 8985). Le S' de Montcla est autorisé à servir le Roi de Sar-
daigne, à la charge de ne pas porter les armes contre la France,
sous les peines contenues dans les Ordonnances du royaume.
Il ne s'agit pas ici des anciennes ordonnances; car il n'en existe,

____

(1) Page 458, chap. 27, *Autorité judiciaire.*

sur la matière, aucune qui soit restée en vigueur. Comment donc a-t-on pu énoncer, dans un acte si solennel, une doctrine qui ne pourrait pas être défendue, devant aucun tribunal.

Lorsqu'il s'agit d'appliquer une ordonnance royale, la première question à examiner, est de savoir si le Gouvernement est resté dans les limites de ses attributions; s'il n'a pas excédé les bornes du pouvoir réglementaire : voilà pourquoi, dans le cours de cette Collection, nous nous sommes attachés, autant que nous l'avons pu, à signaler les dispositions de ces ordonnances, que les citoyens peuvent ne pas regarder comme obligatoires.

Nous avertissons cependant de l'extrême réserve avec laquelle cet examen doit être fait; car, si l'autorité persiste à demander l'exécution, et que la résistance soit illégitime, celui qui refuse obéissance, le fait, à ses risques et périls.

Du reste, nous n'avons pas besoin de dire d'où vient la différence immense qui existe entre les lois et les ordonnances. Les premières sont l'expression de la volonté générale, à laquelle chacun, même quand elle serait injuste, doit obéir; les autres sont l'expression de la volonté, ou plutôt de l'opinion particulière du pouvoir exécutif, à laquelle personne n'est tenu de sacrifier ses droits, parce que le Gouvernement peut s'égarer.

« Les réglemens ou ordonnances générales, dit M. le Cte Lan-
» juinais, ouvrage cité n° 366, ne sont que des mesures d'exécu-
» tion, des directions données aux agens exécutifs, des applica-
» tions générales de la Charte et des lois secondaires. Ils diffèrent
» donc des lois par le sujet ou la matière, par l'autorité qui leur
» donne l'existence, et qui n'est point législative, par les formes
» tout-à-fait étrangères à celles constitutionnellement requises
» pour faire une loi; par les effets, puisqu'ils ne peuvent ni créer
» des pouvoirs publics, ni autoriser des impôts, ni définir des
» crimes, ni établir des peines, ni préjudicier aux droits publics
» des citoyens, et que l'on peut s'en plaindre au Roi, aux mi-
» nistres, aux chambres; puisqu'ils tombent sous la surveil-
» lance des chambres, et donnent lieu à l'accusation et au juge-
» ment criminel des ministres; enfin, par leur instabilité, puis-
» qu'ils sont révocables par le Roi, à volonté. »

Toutefois, nous connaissons une ordonnance irrévocable; c'est celle du 19 août 1815, par laquelle le Roi, usant de la faculté qui lui était réservée par l'art. 27 de la Charte, de nommer les pairs à vie ou héréditairement, a opté pour l'hérédité. Cette ordonnance est inséparable de la Charte ; si le Roi voulait la révoquer, les pairs pourraient refuser d'admettre celui qui n'aurait qu'une institution à vie.

M. Henrion de Pensey blâme l'usage où l'on est encore, de donner à de simples réglemens de police municipale, ou à des arrêtés de préfet, le titre d'ordonnances, ou de réglemens généraux. Nous partageons cette opinion, non pas que le pouvoir des maires ou des préfets soit d'une autre nature que celui des ministres et du Gouvernement (car nous avons prouvé que les actes de tous ces fonctionnaires émanent de la puissance exécutive); mais parce qu'il est bon qu'on reconnaisse dans la forme extérieure de ces actes, le degré qu'ils occupent dans la hiérarchie politique, et le degré d'obéissance qui leur est due.

Il nous reste à parler de l'une des attributions du pouvoir exécutif, celle qui lui est expressément dévolue par l'art. 14 de la Charte, de veiller à la sûreté de l'Etat.

§. 4. *Des Ordonnances rendues pour la sûreté de l'Etat.*

Ici nous touchons une matière bien délicate ; il ne s'agit rien moins que de savoir si la *dictature* existe dans le Gouvernement qui nous régit, et si cette *dictature* est permanente.

Il y a sans doute une autre manière d'entendre les expressions finales de l'art. 14. M. Henrion de Pensey (autorité judiciaire, p. 502 et 503), en fait seulement dériver, pour le Gouvernement, le droit de rompre un traité de fournitures, de conclure des marchés d'urgence, de fortifier une ville, etc.

Le savant et judicieux magistrat se trompe. Le Gouvernement qui traite avec un fournisseur, est, comme tout particulier, maître de ne pas remplir ses engagemens, en se soumettant aux dommages et intérêts ; la mise d'une place en état de défense, et le droit d'exproprier, sont des actes purement administratifs.

La Charte, par son art. 14, confère au Gouvernement un droit bien autrement grave, bien autrement dangereux ; celui de prendre, sans le concours du pouvoir législatif, toutes mesures du salut public.

Sans doute la première loi de toute société politique est de se sauver, *salus populi suprema lex esto* (Cic., de legib. III, 8.); mais, ajoute ce grand homme (ibid. 42), *nihil tam contrarium juri et*

*legibus, nihil minùs civile, et humanum, quàm compositâ et cons-
titutâ republicâ, quidquam agi per vim.*

Montesquieu a dit (1), et il a prouvé par son ouvrage intitulé *Causes de la grandeur et de la décadence des Romains*, que la constitution de Rome et sa liberté ont péri, par l'usage trop fréquent de ce redoutable pouvoir.

Dans le cours de notre longue révolution, où les partis, alternativement vaincus et vainqueurs, ont proscrit les plus honorables citoyens, et consommé d'immenses confiscations, on a fait un si horrible abus des *mesures de salut public*, qu'un Gouvernement qui viendrait à en abuser, serait justement regardé comme tyrannique, et compromettrait son existence.

La Charte n'a apposé aucune condition à l'exercice de ce pouvoir; ses expressions, à cet égard, sont d'un laconisme effrayant; on ne trouve rien de pareil dans les constitutions politiques antérieures. Si la Nation eût été appelée par ses représentans à la discussion de cet article, elle en aurait sans doute fixé la durée et les conditions.

Ainsi, le chef du Gouvernement n'est en droit de déployer son pouvoir dictatorial, qu'autant qu'il y aurait invasion, ou quelque autre nécessité pressante qui eût trompé tous les calculs de la prudence humaine, et qui compromît l'existence du corps social (2).

Les Chambres doivent être aussitôt convoquées; si elles sont assemblées, on doit leur soumettre, dans le plus bref délai, ces actes d'attribution extraordinaire, pour en légaliser l'exercice (2).

Les ordonnances rendues pour la sûreté de l'État, doivent être motivées et discutées en conseil des ministres; les citoyens doivent être avertis qu'on *use* de l'art. 14 de la Charte.

Les ministres chargés de l'exécution, doivent en cesser l'exercice, aussitôt que le danger est écarté; ils doivent être, par cela même, en accusation; et leur procès doit leur être fait.

Chez les Locriens d'Italie, une loi voulait que celui qui proposait d'abolir ou de modifier une loi, se présentât dans l'assemblée du peuple, avec un nœud coulant autour du cou. On serrait le nœud, si la proposition ne passait pas (Stobée, sermon 42, p. 280. Demosth. in Timot., p. 794).

---

(1) Esprit des lois, 11, 33, note.
(2) De Cormenin, du conseil d'État, p. 61.

Il en devrait être ainsi, à plus forte raison, des ministres qui suspendent l'empire de la constitution. Si la loi de Zaleucus avait été écrite dans la Charte, ou si la loi sur la responsabilité eût été faite, nous n'aurions pas vu, dans l'espace de 6 années, le pouvoir dictatorial exercé aussi souvent, et d'une manière aussi illégitime.

Que, lors de l'invasion de Bonaparte, au mois de mars 1815, le Roi ait mis en activité tous les militaires, ait organisé la garde nationale par ordonnance, constitué les conseils de guerre pour juger le crime d'embauchage, qu'il ait établi les conseils généraux en permanence, etc., on le conçoit.

Le danger était pressant; il était imprévu. Les Chambres ont été aussitôt convoquées. — Voilà l'exercice légitime du pouvoir dictatorial; il ne serait pas écrit dans la Charte que le chef de toute nation civilisée aurait droit de s'en emparer, pour le salut commun. Ce droit, tout autre chef inférieur l'a de même. Ainsi, une maladie contagieuse se déclare à l'île de France; le Gouverneur de l'île de Bourbon défend, sous peine de mort, de communiquer (1) : cela peut n'être pas légal; mais cela est légitimé par l'imminence du danger.

Il y a des mesures de salut public qui, dans le moment où elles sont résolues, sont excusables, et qui peuvent devenir criminelles, par l'exécution qui s'en ferait dans un temps inopportun.

Ainsi, le Roi abandonné par ses troupes, qui passent sous le drapeau de la rebellion, les licencie par une ordonnance du 25 mars 1815. — Les considérans de cette ordonnance sont admirablement bien motivés; mais, 4 mois après, au moment où le territoire français était occupé par les armées étrangères, on met à exécution une ordonnance faite dans d'autres vues. — Certes, si ce licenciement avait donné lieu à une action en responsabilité, le ministre qui, au mois d'août, publiait et exécutait l'ordonnance du 25 mars, n'aurait pas pu se décharger sur le ministre signataire de cette ordonnance; les circonstances, les motifs, tout était changé.

Le 13 juillet 1815, le Gouvernement du Roi modifie la Charte, par ordonnance, sans observer aucunes des formes constitution-

____

(1) Ordonnance du 14 décembre 1819.

nelles ; par une autre ordonnance du 21, il adjoint aux colléges électoraux des individus qui n'avaient pas droit de vote, et crée une législature factice ; mais, le 5 septembre 1816, cette Chambre est dissoute ; il est dit qu'aucun article de la Charte ne sera revisé. — Le ministre de 1815 pouvait donc être mis en accusation, comme ayant usurpé un pouvoir qu'il n'avait pas, et qui n'était pas exigé par l'urgence des circonstances.

Une autre Ordonnance du 21 juillet 1815 prononce des peines contre ceux qui *auraient comprimé* ou comprimeraient l'élan et l'expression de la fidélité des sujets du Roi. Les lois existantes suffisaient pour la punition de ce crime, qui est celui de rebellion. Le vague des expressions de l'ordonnance pouvaient donner lieu de poursuivre criminellement et *rétroactivement* ceux qui avaient servi dans les 100 jours. On dit même qu'un général a été victime de cette fausse interprétation ; la clémence royale est venue à son secours, mais trop tard ; l'infortuné avait perdu la raison.

Une ordonnance du 24 juillet 1815, raye de la chambre des Pairs 29 membres, comme ayant siégé dans celle des 100 jours. Le Gouvernement ne pouvait se constituer juge en sa propre cause ; la sûreté de l'État n'exigeait pas qu'ils fussent distraits de leurs juges naturels. Ils n'étaient pas si coupables, puisqu'ils ont été presque tous rétablis.

Trente-huit individus sont placés sous la surveillance de la haute police, par une ordonnance du même jour, sans condamnation préalable ; et leur jugement est déféré aux deux chambres. — Celles-ci ont elles-mêmes reconnu leur incompétence. On a signalé, dans les 2 listes, les noms d'individus fort obscurs, qui ne devaient pas s'y trouver.

Le ministre signataire de cette ordonnance illégale, était le complice de ceux qu'il proscrivait ; la justice du Roi les a depuis rappelés, et le ministre est mort dans l'exil, justement déshonoré.

Une contribution de 100 millions a été frappée par une ordonnance du 16 août ; les besoins du trésor pouvaient être pressans ; mais le ministre avait-il épuisé toutes ses ressources ? n'avait-il pas perdu 2 mois, avant de convoquer les chambres ?

C'est en vertu de l'art. 14 de la Charte, que la chambre des pairs a été saisie trois fois de la connaissance d'attentats contre la sûreté de l'Etat, (affaires du M^{al} Ney, de Louvel et de la conspiration de 1820.) — On a qualifié les ordonnances des 11 nov. 1815, 14 février et 21 août 1820, qui ont renvoyé les accusés devant la cour des pairs, d'actes d'investissement.

Bouton et Gravier, dans un cas d'attentat, ayant décliné la compétence de la cour d'assises, et la cour de Metz s'étant déclarée incompétente dans l'affaire de la conspiration dite de l'Est, la cour de cassation a eu à prononcer sur ces deux pourvois ; et, par deux arrêts différens, elle a jugé que le Roi, en vertu de l'article 14 de la Charte, pouvait saisir, à volonté, la cour des pairs, ou la juridiction ordinaire.

Cette doctrine a été combattue, à la chambre des pairs, par M. le comte Lanjuinais, qui a démontré, jusqu'au dernier degré de l'évidence, que la chambre ne pouvait pas reconnaître les ordonnances d'investissement ; que les ministres ne pouvaient, à volonté, amener les prévenus devant la haute cour nationale, ou les soustraire à sa juridiction ; jusqu'à interprétation législative de l'art. 55 de la Charte, la définition des art. 87, 88 et 89 du Code pénal, étant la seule légale, devait être suivie exclusivement. La chambre des pairs, en prenant cette proposition en considération, a paru reconnaître l'exactitude de ces principes. Il est bien évident, en effet, que là ne s'applique pas l'art. 14 de la Charte, la sûreté de l'état ne pouvant pas être compromise, parce qu'un accusé sera jugé par la chambre des pairs, plutôt que par des jurés.

Une ordonnance du 21 novembre 1815, relative à la tentative d'assassinat faite sur la personne du général Lagarde, à Nîmes, met les troupes en garnisaire chez les habitans. Cette pratique a lieu chez les Ottomans ; un général ennemi pourrait se la permettre ; mais comment un commandant français peut-il employer une mesure aussi violente ? Le salut de l'Etat était-il intéressé à ce que les soldats fussent nourris aux dépens des habitans innocens, au lieu d'être casernés ? ne suffisait-il pas à la sûreté publique que ces troupes fussent en nombre suffisant pour appuyer les poursuites de la justice ? — Si on voulait rendre la commune responsable, il fallait mettre à exécution la loi de vendémiaire an IV.

La même année, le préfet d'Eure-et-Loir employa la même mesure contre les habitans de la commune de Gallardon ; mais il fut obligé de rembourser toute la dépense, de ses deniers ; depuis, il a été destitué.

On s'est encore servi, comme d'une mesure de salut public, de la dissolution de la garde nationale de Brest; l'ordonnance du 21 novembre n'allait pas jusques-là, elle se contentait de prescrire le désarmement de ceux qui n'avaient pas droit d'en faire partie. En effet, la garde nationale est une force permanente, qui ne peut être dissoute; l'exclusion est une flétrissure; l'inscription sur les registres de la garde nationale est un droit des citoyens.

Nous ne pouvons quitter ce sujet, sans faire remarquer que, dans l'Etat actuel de la législation, le Roi n'est pas seul dictateur en France. Un commandant militaire, en déclarant une commune en état de siége, y suspend l'empire de la constitution; dès-lors, tous les citoyens deviennent justiciables de l'autorité militaire. Autrefois, il fallait une loi pour suspendre ainsi le cours de la justice ordinaire et des lois. Aujourd'hui, ce pouvoir est conféré, par un décret du 24 décembre 1811, à tous les agens de la force publique.

Mais que dire de l'ordonnance du gouverneur de la Guyane, du 19 octobre 1819, qui crée, en pleine paix, une commission militaire d'embauchage, parce qu'on aura essayé de séduire un tambour? Il faut gémir de cet excès de despotisme, et plaindre les colons qui sont régis par des lois de sang et d'anarchie.

En résumé, quel est l'effet obligatoire des ordonnances rendues pour la sûreté de l'Etat?

Après l'examen le plus profond et le plus attentif, nous pensons que chaque citoyen est maître d'obéir, ou de résister, aux ordres émanés du dictateur, mais à ses risques et périls.

Il en est de ce cas, comme de celui où un militaire reçoit l'ordre d'exécuter une mesure atroce. Chacun peut dire, avec ce digne commandant français le vicomte d'Ortho, qui refusa de prendre part au massacre de la *Saint-Barthelemy:*

« Employez nos bras à choses faisables; j'ai trouvé des soldats prêts à sacrifier leur vie pour leur devoir, mais pas un assassin. »

Qui dit pouvoir *dictatorial,* dit pouvoir extra-légal. — Or, les citoyens ne sont tenus d'obéir qu'aux lois; lorsqu'on se place au-dessus-d'elles, au-dessus du pacte social, de la Constitution, ils rentrent dans le droit qui appartient à tout être pensant, d'examiner l'utilité et la moralité des actes qu'on lui commande.

S'il est personnellement victime de la force, il a droit de défendre ses propriétés, sa liberté, ou sa vie. *Le ver de terre, quand*

on l'écrase, relève sa tête, a dit, avec autant de force que de sen-
sibilité, le commissaire du Roi Bon Cuvier, devant la chambre des
Députés. C'est le principe de la résistance à l'oppression; il est
écrit dans le livre de nos lois; il est antérieur aux sociétés; il
appartient au droit naturel; les hommes en entrant en société
ne se dépouillent de ce droit, que sous la condition tacite
qu'ils seront gouvernés suivant les lois qu'ils ont faites ou con-
senties. Toutes les fois que les hommes du pouvoir sortent du cercle qui leur est tracé par les lois, ce droit reprend toute sa force.

Du reste, il n'est pas besoin de dire que le pouvoir dictatorial,
conféré au Roi par l'art. 14 de la Charte, ne peut jamais être em-
ployé contre la Charte elle-même, ou contre les pouvoirs qu'elle
a institués. La Nation toute entière serait en droit de demander
vengeance d'un pareil attentat.

Conclusion.

Nous avons expliqué quelles étaient les attributions du Roi,
comme *chef suprême de l'Etat.* — Le Roi, séparé de son Gouvernement, est la Providence qui préside aux destinées de l'Etat.
Considéré comme chef du Gouvernement, il n'est que le chef
du pouvoir exécutif : la responsabilité de tous ses actes retombe
sur ses ministres.

Le droit de conclure des traités et autres conventions diplo-
matiques, de faire des ordonnances, ou, ce qui est la même
chose, des réglemens, pour l'exécution des lois, et enfin, le
droit de pourvoir seul, par des ordonnances, au salut de l'Etat,
sont des attributions du Gouvernement.

Elles entraînent toutes une responsabilité effective; ouvrage
des ministres, révocables à volonté, essentiellement provisoires,
elles ne sont obligatoires ni pour les tribunaux ni pour les citoyens, si ce n'est en vertu d'une délégation spéciale de la loi,
et dans le cercle très-limité des attributions du pouvoir exécutif.

Ces doctrines paraîtront bien hardies; mais, dans notre intime
conviction, elles dérivent de la Charte elle-même; il est impossible de concilier autrement la séparation des pouvoirs.

« Lors, dit Montesquieu (1), que, dans la même personne, la
» puissance législative est réunie à la puissance exécutive, il n'y a
» point de *liberté,* parce qu'on peut craindre que le même

----

(1) Sur la Constitution d'Angleterre, Esprit des lois, xi, 6.

» Monarque ne fasse des lois tyranniques, pour les faire exé-
» cuter tyranniquement.

» Il n'y a point encore de *liberté*, si la puissance de juger n'est
» séparée de la puissance législative, et de l'exécutive (1). Dans
» le premier cas, le juge serait législateur; dans le second, le
» juge pourrait avoir la force d'un oppresseur.

» Tout serait perdu, si le même homme exerçait les trois pou-
» voirs : celui de faire des lois; celui d'exécuter les résolutions
» publiques, et celui de juger les crimes, ou les différens des
» particuliers. »

Hommes de bonne foi, de toutes les opinions, qui voulez la
liberté, le règne des lois, et le maintien de la Constitution,
examinez, et prononcez !

———

Cette dissertation sert de préface aux volumes de 1819 et de 1820 du RECUEIL
COMPLET DES LOIS ET DES ORDONNANCES DU ROYAUME, qui se compose aujour-
d'hui de 5 volumes publiés; savoir :

Année 1814.

Ce premier volume contient tous les Actes du Sénat et du Corps
législatif, les Proclamations et Arrêtés du Gouvernement provisoire,
du 1er au 14 avril 1814 ; — les Actes du Gouvernement *provisoire* de
Monsieur, du 14 avril au 2 mai; — les Actes du Gouvernement du Roi,
avant la Charte, du 2 mai au 4 juin;

La CHARTE, les Lois et les Ordonnances, émanées du Gouvernement
royal, accompagnées de Notes servant de commentaire, depuis le 4 juin
jusqu'au 31 décembre;

L'Appendice renferme—le Testament de Louis XVI; deux Actes du
Gouvernement de Louis XVII; six Actes du Roi, antérieurs à la restauration, datés des années 1re, 2e, 5e, 9e, 10e, et 18e de son règne ;
— le Traité de Valençay, du 11 décembre 1813;—les Proclamations
des Princes, à leur entrée sur le territoire français, les 2 et 27 février,
et le 15 mars 1814; — la déclaration des alliés du 25 mars; — la
capitulation de Paris, et la déclaration de l'empereur Alexandre,
du 31; — la proclamation du conseil municipal du 1er avril; — le pro-
cès-verbal de la séance du Sénat, du même jour; — les Actes relatifs à
l'acceptation de la Constitution du Sénat; — le Traité de Fontainebleau
du 11 avril 1814; — le discours du Sénat au Comte d'Artois, et la
réponse du Prince, contenant les bases de la Constitution; — un
Arrêté, portant révocation des commissions secrètes; — les discours
du Roi et du Chancelier, lors de la promulgation de la Charte, — l'Ordonnance du 9 juin, pour la célébration des fêtes et dimanches; — les

———

(1) Qu'est-ce donc que la juridiction du conseil d'État ?

Réglemens intérieurs des deux Chambres ; — la Loi du 13 août 1814 ;
— les articles secrets de la Convention du 23 avril, et du traité du
30 mai ; — 2 Ordonn. sur la Légion d'honneur ; — autre sur les ordres
de la Réunion, de Westphalie, d'Espagne, et de la Couronne-de-Fer ;
— un traité, avec l'Espagne, du 20 juillet ; — serment des conseillers
d'Etat et des fonctionnaires publics ; — 2 Ordonn. sur la gardé nationale ; — projet de Loi sur la responsabilité des ministres ; — Réglement sur les théâtres, en 32 articles ; — 2 projets de Loi sur la cour
de Cassation ; — 2 Ordonn. sur les pensions ; — 5 Actes relatifs a
l'organisation judiciaire et financière de la Martinique, etc.

Il est précédé d'une Notice sur la composition du Bulletin des lois.

Année 1819.

L'Appendice renferme, entr'autres, —quatre Ordonnances relatives à l'organisation judiciaire et administrative des colonies ; deux
Circulaires sur les sociétés anonymes ; le texte de plusieurs Arrêts du
conseil très-importans ; les Solutions données par le Gouvernement
sur des questions relatives au recrutement de l'armée ; le Discours
du Roi, à l'ouverture de la session de 1818 ; la convention, du 20
janvier 1819, avec les Puissances étrangères ; celle, avec le Pape,
sur le concordat provisoire ; les projets de Loi sur la responsabilité
des ministres, et sur le répartement de la contribution foncière ; une
Ordonn. sur les bannis ; des modifications aux Réglemens des deux
Chambres ; plusieurs Réglemens sur les Prisons ; un autre sur les
Conseils d'Agriculture ; une Décision royale sur les Ordres du jour ;
un Réglement sur l'Adour ; 2 Ordonnances sur le service de la
Garde nationale ; une autre qui constitue la Chambre des Pairs en
Cour de justice ; la publication du Code civil, l'établissement d'une
Cour prévôtale et d'une commission militaire d'embauchage, l'abolition de la Confiscation, et un Réglement sur la Procédure criminelle, à Cayenne ; une Ordonnance, en 100 articles, sur la Compta-
bilité du département de la Guerre ; un Réglement sur la Colonisation
de Madagascar ; un autre sur la Justice administrative à Bourbon ;
un Réglement sur la Publication *des Lois à la Guyane*, etc., etc.

La Table chronologique renferme le sommaire de tous les Arrêts
du conseil, rendus dans le cours de l'année, et des autres pièces et
documens officiels, dont le texte législatif n'a pu entrer dans le
Recueil.

Année 1820.

L'appendice renferme, entr'autres, — le discours de la couronne,
à l'ouverture de la session de 1819 ; — un arrêté sur les soumissions
cachetées ; — le texte de plusieurs arrêts du conseil importans ; — les
décrets de 1808 sur les pensions de la guerre et de la marine ; — une
Ordonn. de 1820 sur les mêmes pensions ; — une autre sur celle des
douanes ; — un réglement contre la peste ; — le rétablissement des

officialités ecclésiastiques; — résolution de la chambre des pairs sur l'inviolabilité de ses membres et la contrainte par corps; — une Ordonn. coloniale sur les absens et les successions vacantes; — l'établissement d'un bull. des lois à la Guyane; — une instruction sur les droits des magistrats honoraires; — un réglement sur une prud'hommie de pêcheurs; — l'Ordonn. relative au monument du duc de Berry; — un avis du conseil d'État sur le recours relatif aux décisions des conseils de révision en matière de recrutement; — une Ordonn. sur les constructions autour de Paris; — les circulaires et instructions sur les élections; — un arrêt du conseil très-important sur la procédure, en cette matière; — une Ordonn. sur l'emploi des amendes; — un réglement sur le régime intérieur des prisons; — une Ordonn. sur la garde nationale; — les réglemens sur les conseils de discipline, la procédure, les peines et les amendes; — une Ordonn. sur la chambre des pairs; — une addition à son réglement; — la promulgation des Codes dans les établissemens de l'Inde, etc., etc.

Année 1815.

Ce vol. est sous presse; — il contiendra tous les actes du gouvernement royal et des 100 jours; — plusieurs pièces importantes du gouvernement de droit, qui nous sont parvenues depuis la publication du vol. 1814; — notamment, une Ordonn. secrète sur la publication de la Charte; — les actes du gouvernement de Gand, — et du gouvernement provisoire du mois de juillet 1815, tirés des numéros du bulletin *supprimés*. On y trouvera aussi les actes du congrès de Vienne, dans lesquels la France a été partie.

Il ne reste plus à publier que les volumes 1816 à 1818.

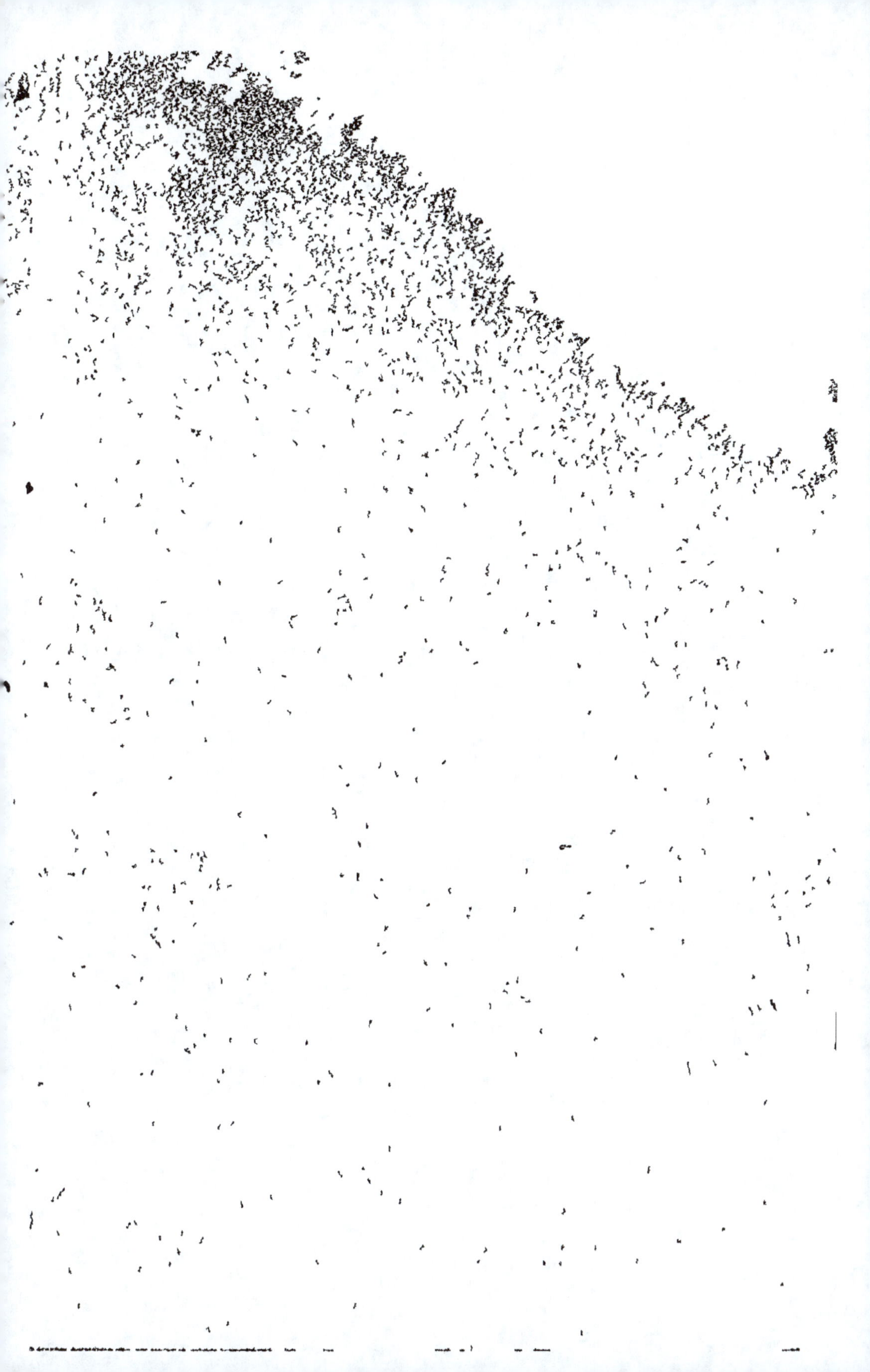